THE POSITION OF THINGS:

COLLECTED POEMS 1961-1992

ADRIANO SPATOLA

The Position of Things:
Collected Poems 1961-1992

TRANSLATED FROM THE ITALIAN
by PAUL VANGELISTI

EDITED WITH AN AFTERWORD
by BEPPE CAVATORTA

GREEN INTEGER
KØBENHAVN & LOS ANGELES
2008

GREEN INTEGER BOOKS
Edited by Per Bregne
København / Los Angeles

Distributed in the United States by Consortium Book
Sales and Distribution, 1045 Westgate Drive, Suite 90
Saint Paul, Minnesota 55114-1065
Distributed in England and throughout Europe by
Turnaround Publisher Services
Unit 3, Olympia Trading Estate
Coburg Road, Wood Green, London N22 6TZ
44 (0)20 88293009

(323) 857-1115 / http://www.greeninteger.com
Green Integer
6022 Wilshire Boulevard, Suite 202C
Los Angeles, California 90036 USA

The translator and publisher would like to thank the following publishers and magazines
in which several of these poems first appeared in English: *Majakovskiiiiiiij* (Red Hill
Press, 1975); *Various Devices* (Red Hill, 1978); *Cacciatore di mosche* (Telai del Bernini,
1980); *Material, Materials, Recovery of* (20 Pages/Sun & Moon Press, 1993); *Bachy,
Granite, Invisible City, New Review of Literature, Ribot; Temblor* and 26, and in the
anthologies *Italian Poetry After 1975* (Sun & Moon Press, 1999); *Poems for the Millennium,
volume 2* (University of California Press, 1998); and *Shearsmen of Sorts: Italian Poetry,
1975-1993* (special issue of *Forum Italicum*, 1992)

The publication of this volume was assisted by a translation grant from the Italian
Ministry of Foreign Affairs, through the Istituto Italiano di Cultura, Los Angeles,
Francesca Valente, Director

Series Design: Per Bregne
Typography and Book Design: Rebecca Chamlee
Cover photograph by Renate von Mangoldt
Half-title page drawing by Giuliano Della Casa

LIBRARY OF CONGRESS CATALOGING IN PUBLICATION DATA
Adriano Spatola [1941-1968]
The Position of Things: Collected Poems 1961-1992
ISBN: 978-1-933382-45-6
p. cm – Green Integer
I. Title II. Series III. Translator

Green Integer books are published for Douglas Messerli

Contents

Translator's Note

This American edition of Adriano Spatola's collected poems comes on the twentieth anniversary of his death, before any such publication in Italy. It also marks the thirtieth anniversary of his selected poems, *Various Devices* (1978), a few years after the appearance of my first book-length translation of his work, *Majakovskiiiiiiij* (1975). Now, these many years later, *The Position of Things* is a volume I consider one of the closest to my heart, if not also one of the most significant, in over thirty-five years of work as a translator.

I wish to make clear that these are not reprints of earlier translations but are entirely revised or, in many cases, versions of poems that have never appeared in English. After *Various Devices*, I kept translating what Adriano would send me, or what he would read to me when I visited Italy, and the translating process I shared with him became indeed fundamental to my growth and activity as a poet. After his death, when one of the basic conditions of my writing irrevocably changed, I chose to carry on our conversation with the translation of these texts. Starting in 1996, I set out to retranslate the poems in *Various Devices*, as a first step to a larger, more definitive collection of Adriano's poetry.

Let me conclude by mentioning several people who have been instrumental in my completing this book. First, I wish to thank my publisher Douglas Messerli for his long-standing commitment to a comprehensive, bilingual edition of Adriano's poetry. His regular reminders about the "big Spatola book" were very much appreciated. Also, I would like to acknowledge Francesca Valente's continuing support for literary translation, starting with her tenure in the 1980s as Director of the Italian Cultural Institute in San Francisco, where, among other translation projects, she aided the publication of Adriano's and my anthology *Italian Poetry, 1960-1980: from the Neo to the Post-Avant-garde* (1982), and for her help with this book, as current Director of the Italian Cultural Institute here in Los Angeles. Of course, there has been Beppe Cavatorta's generosity and passion in editing this volume: his being willing to do the kind of work that makes our book authoritative, and something, we trust, Adriano would be fond of. Finally, I must acknowledge an outstanding debt of gratitude to John McBride, my friend and former co-editor, who, along with Adriano and his co-editor, Giulia Niccolai, initiated in 1975 a plan to translate and publish Italian and American poets in our magazines *Tam Tam* and *Invisible City*, as well as books of poetry in our respective Edizioni Geiger and Red Hill Press editions. So thanks, John, for being there from the beginning, when I read the earliest versions of these translations in 1973, over KPOO-FM in San Francisco, with the sound of the bay sloshing around under our feet, through a hole in the floor of the tiny studio on Pier 49.

It is time to hear Adriano Spatola's poetry once again as, in Antonio Porta's words, the page "vibrates with that which it must tell us … sustained by *parole che parlino* ('words that speak') as they spring from the threat of silence."

—PAUL VANGELISTI

EARLY POEMS

(1961)

Hamlet, Clowns

Sì, l'ho scritta la tua storia: il manoscritto
l'ha mangiato un cane, nel mezzo della guerra.
Poi, la carestia.
Si ripete la beffa del pezzo di re
se certo non un mendicante ma un bambino ebreo
s'è cibato del cane gonfio della carta.

Certo non un mendicante, ma un bambino ebreo
si è cibato del cane gonfio della carta:
e ritrovare adesso la tua storia, chi può farlo?
Quando lo vennero a prendere
me ne stavo nascosto in cantina
non ho potuto vedere la targa né la direzione.
Quelli si sono portati lontano la tua storia:
e ritrovarla, adesso, chi può farlo?

Mio buon amico, io stavo nascosto in cantina,
di loro ricordo soltanto il colore degli stivali.
Non li ho visti, non saprei riconoscerli.
(E poi, tanto tempo è passato:
tutti i miei amori e l'ultimo Pont Mirabeau
se li è digeriti la Senna).

Hamlet, Clowns

Sure, I wrote your story: a dog
ate the manuscript, in the middle of the war.
Later, the famine.
The jest of the kingly chunk gets repeated
since it's obvious a Jewish child not a beggar
dined on the dog swollen with paper.

It is obvious a Jewish child not a beggar
dined on the dog swollen with paper:
and now to find your story, who'll do it?
When they came to get him
I hid myself in the cellar
I couldn't see the license plate or the direction they took.
Who knows where those people took your story:
and to find it now: who'll do it?

My dear friend, I was hiding in the cellar,
the only thing I remember is the color of their boots.
I didn't see them, I wouldn't recognize them.
(And so, a long time has passed:
all my loves and the last Pont Mirabeau
the Seine has already digested.)

Se allora morire

Non tutti quelli che potevamo
li abbiamo uccisi come dovevamo.
Allora qualcuno è rimasto nella sua trappola
e tutta vestita a festa la gioventù si entusiasma:
allora si poteva, si doveva e non s'è fatto.

Allora qualcuno è rimasto nella sua trappola
e l'ha chiamata desco famiglia casa dolce casa:
mai nessuno che nel chiaro giorno

se l'autotreno lascia come per un miracolo
contro il tuo muro, pietra, cemento, casa dolce casa,
l'impronta graziosa che stinge ai lavacri di pioggia
del postino tuo amico schiacciato in attesa del tram.
Del tram.

Che importa? Ad altro s'abitua la terra.

Solo, quel rosignuol che sì soave piagne
dovevamo ucciderlo allora, almeno con molto frastuono:
se allora morire era abitudine umana,
trionfo d'un assuefarsi alle leggi del mondo.

If Then to Die

Not all of those we could have
did we kill as we should have.
Then someone was caught in his own trap
and the young get all excited in their holiday wear;
then we could've, we should've and we didn't.

The someone was caught in his own trap
and called it hearth family home sweet home:
but never anybody in the daylight

as if by a miracle the truck leaves
against your wall, stone, cement, home sweet home,
the gracious imprint discolored by sacred rain
of your friend the mailman squashed while waiting
    for the tram.
For the tram.

          What does it matter? The earth gets used to
    everything.

But that thrush that so softly weeps
we should've killed it then, at least with a lot of racket:
if then to die was a human habit,
triumph of becoming used to the world's laws.

Civitas Dei

Sì, ma il suo corpo non sarà mai distrutto.
Il primo giorno in cui creò la terra
fu spartita la ricchezza del nulla
e all'uomo fu data l'eternità,
perché il suo corpo non fosse mai distrutto.

I sacerdoti dell'al di là della morte
dal suo ventre tolgono i visceri
e per l'os ethmoidale il suo cervello.
Avrà il suo essere avrà il suo essere.

Essi immergono ora il suo cadavere
in carbonio di sodio soluto
per settanta giorni in carbonato di sodio.
Sono acconciati i capelli e la barba;
con cera abilmente disposta son chiusi
gli occhi gli orecchi il naso e la bocca.
Fiorirà fiorirà il suo corpo rifiorirà.

No! non avevano torto gli Egizi
a costruire così alte piramidi: tombe.
La mummia del proprio padre
può essere lasciata in pegno ai creditori.

Civitas Dei

Yes, but his body shall never be destroyed.
The first day he created the earth
he divided the riches of the void
and to man was given eternity,
so that his body shall never be destroyed.

The ministers of the great beyond
from his belly tear the entrails
and from the ethmoidal orifice his brain.
His essence he shall possess his essence he shall possess.

Now they submerge his corpse
in a solution of sodium carbonate
for seventy days in sodium carbonate.
The hair and beard are groomed:
with wax skillfully applied the eyes
are shut the ears the nose the mouth.
Once more once more his body shall bloom once more.

No! the ancient Egyptians were not wrong
to build the pyramids so high: tombs.
The mummy of one's own father
might be left in hock to creditors.[1]

---

1 Herodotus, *Histories*, II, 136.

REATTIVO PER LA VEDOVA NERA

[Personality Test for the Black Widow]

(1964)

Reattivo per la vedova nera

reattivo / per la vedova nera:
che non prescinda dai dati culturali
che l'attenzione il conflitto l'equilibrio / coscienza la
memoria / neurosi e il fato lo stimolo / reazione e a conti
fatti (se ancora parlano i fatti) dinamica di gruppo e sclerosi
e afasìa e linguaggio è psicosi   ma condurre condurre
la lotta in questa prospettiva e tener botta e illudersi che
in queste condizioni con la forza (che la ragione ammette)
e con gli sforzi quando trabocca la goccia per l'avis in
piazza si dona il sangue   quando la corda non regge
e l'impiccato si disimpicca già morto... ah! psicoterapia
ah! il reattivo mentale ah! il sogno lo stimolo il fiato la
socialità   che correnti che metodi che gruppi che
individui formati che totalità   che moderne
complete condizioni del profondo del corpo degli odori
(odori buoni) degli odori (cattivi odori) della mescolanza
e della percezione – effetti a tutti i costi risultanti – e
del buon tempo che ancora non fa e della pioggia che
certo cadrà del trasversale sapore che lega nel cancro
la lingua e lega i denti e lega le terra all'orbita e dietro
la schiena   lega le mani ma (mah!) non ci saranno
già più – difficile è ormai ritrovarli – la seta è bruciata si è
sciolta nell'acqua nel tempo che scorre che batte sui denti
che tira che spacca consuma la giacca fa lisi i polsini le calze

Personality Test for the Black Widow

personality test / for the black widow:
that doesn't leave out cultural factors
that attention conflict equilibrium/consciousness mem-
ory/neuroses and destiny stimulus/reaction and deeds
done (if deeds still speak) group dynamics and sclerosis
and aphasia and language is psychosis   but keeping
on keeping on the struggle in this regard and to take it on
and delude oneself that in these conditions with force (that
reason admits) and with those blows when the last drop
spills over in the piazza where we give blood to the Red
Cross[2]   when the rope no longer holds and the hanged
man cuts himself down already dead... ah! psychotherapy
ah! the psychological aptitude test ah! dream stimulus
breath sociability   what currents what methods what
groups what formed individuals what totality   what
modern complete conditions of depth of the body of odors
(good odors) of odors (foul odors) of the mixture and of
perception – effects at all costs resulting – and of the good
weather still not here and of the rain that certainly will fall
of the transverse taste that binds the tongue in cancer and
binds the teeth and binds the earth to orbit and behind the
back   binds the hands but (who knows!) they're
already no longer there – hard by now to find them – the
silk is burned it dissolved in the water in time that flows

---

2 In Italian, "avis" or "A.V.I.S.," *Associazione Volontari Italiani del Sangue*,
Association of Voluntary Italian Blood Donors.

di nylon e tutti ma tutti i risparmi   insieme ai papini
lungo i lungarni   toccato!   e mette da parte la
gola bruciata l'anima gialla di nicotina e quello che l'ulcera
dà   salivazione abbondante   e leva in alto il pugno
chiuso – in modo più o meno marcato   a parità:
di condizioni   l'adattamento ma questo è per l'uomo
è del resto per l'uomo l'orientamento – l'effetto la funzione
l'affetto il dato limitato quello sconosciuto il quiproquo la
storia come lapsus la sentenza erogata la piramide – tomba
il metrò – catacomba (e come shelter   contro   la
bomba) – la porta che si chiude   l'ora nuova che scocca
le unghie che saltano, turaccioli dello champagne   e
in campagna il tramonto le vele che fendono viola pianure
disabitate il canale che luccica ai raggi del sole morente…
ma il piede di capra, le dita di pesce, il bulbo oculare dentro
il bicchiere   e per la storia: l'adattamento   la
putrefazione   il fatto che a dire nell'intenso c'è
del gas   (e di questo giudizio la formulazione)
per la vedova nera per il cane da caccia la domenica per il
cavatappi che fa leva sul principio d'Archimede per i termini
noti del problema per i tuoi quattro stracci che mi servono
per un momento a pulire la cinquecento
ah! intensità sonore percepite e descritte e sotto il nome
possibile evocate: in funzione di confusione di condizione
di cerebrale corteccia   tachimetro che oscilla guscio

that beats against the teeth that tugs that splits wears out
the jacket makes the cuffs threadbare the nylon socks and
all I mean all the savings   together with the papini
along the lungarno³   touché   and puts aside the
burned throat the soul yellow with nicotine and what an
ulcer does   abundant salivation   and he raises on
high the closed fist – in a more or less accentuated manner
things: being equal   adaptation but this is
for man moreover orientation is for man – effect function
affect limited data that unknown quid pro quo history like
a slip bestowed sentence pyramid – tomb the metro cata-
comb (and as shelter   against the bomb) – the door
shutting   the new hour striking   the nails jumping
off, champagne corks   and sunset in the country sails
cleaving violet uninhabited plains canals glittering with the
rays of the dying sun … but the goat's foot, the fish fingers,
the eyeball in the glass   and for history: adaptation
putrefaction   and the fact that to say that there's gas in
the depths   (and the formulation of this judgment)
for the black widow for the hunting dog Sundays for the
corkscrew functioning on Archimedes' principle for the
well-known terms of the problem for your four rags serving
me for a moment to clean the Fiat 500
ah! sound intensities perceived and described and evoked
under a possible name: in terms of confusion of condition

---

3 Giovanni Papini (1881-1956), poet, critic, fiction writer and editor,
an influential force in Italian letters, born in Florence (which is on the
Arno), where he spent most of his life.

vuoto di terra sferica schiacciata ai poli endecasillabo in
lieve pendenza e fiducia e speranza in un rialzo alla borsa
ma tu salta! cavallo! libera nos a malo   orma dentro
la roccia e riempita di sabbia e dopo soffocante la terra che
smotta e dopo ancora di più   che fragili polmoni, che
delicati palati, che bronchi inoffensivi, che incisivi malati
da usare   da sperimentare un gruppo continuo – non
differenziato – e in certi esperimenti certi gradienti certe
virtualità: si estenda il positivo potenziale di reazione!
si spacchi la faccia segnata e si spacchi secondo i segni!
si apra la botola chiusa! reagisca! lo dica, se deve dirlo,
lo faccia! così pendono i seni le borse sotto gli occhi le
dita mutilate nei monconi ed i nasi schiacciati   così
pendono e ondeggiano e sbattono   così deliziosi
gelati   tragedia! sconquasso! dolore!   corrono
in   sottoveste   lungo   la   spiaggia – cadendo –
rialzandosi – cadendo – rialzandosi – cadendo... che
pendola, che provocante due pezzi, che alone che alone la
lampada spenta del tuo portone

        ma come dirlo, in questo momento, ma come dirlo
che il figlio... per tutti i rapporti, per tutti i conflitti (come
Marx non diceva): la storia non solo si fa sul tempo di
reazione al contenuto d'informazione, la storia, se si fa
storia, bisogna che sia calcolata
(anche) sul costo dell'insalata – e metti pure sul conto il
pane vecchio il vino aceto il servizio che tanto
il potenziale di reazione è di regola tanto maggiore
condizionamento / estinzione / ripetizione / estinzione

of cerebral cortex   wavering tachometer empty shell of spherical earth crushed at the poles hendecasyllable slightly pending and trusting and hoping in a rise in the stock market   but you jump! horse! libera nos a malo spoor inside the rock and refilled with sand and then the suffocating earth that breaks off in clumps and then even more   what fragile lungs, what delicate palates what harmless bronchials, what rotten incisors

for use   for experimenting a continuous group – undifferentiated – and in certain experiments certain gradients certain virtualities: one must extend the positive potential for reaction! one must break the marked up face and breaks it according to the signs! one must open the closed trapdoor! one must react! one must say it, if one must say it, must do it! so hang the breasts the bags under the eyes the mutilated fingers on the stumps and the crushed noses so they hang and wave and bump   so delicious ice creams   tragedy! destruction! pain!   they run in underwear along the beach – falling – getting up – falling – getting up – falling... what a pendulum, what a provocative bikini, what a halo what a halo the unlit lamp in front of your portico

but how to say, in this moment, how to say that the son... for all the relationships, for all the conflicts (as Marx didn't say): history is not only made upon the time of reaction to informative content, history, if one makes history, one must (also) calculate the price of lettuce – and even add to the bill stale bread sour wine service because anyway

e per «differenza» si usa questa parola che è «differenza»
ma stimolo ma resta contrasto ma perché Pavlov sui cani
soltanto?
e segna anche il dolce il caffè…

ma il gas *dell'intenso* è velenoso *la frutta* è marcia *e* alcuni
ma *il* gas dell'intenso *è* velenoso la frutta è marcia e *alcuni*
ma *il gas* dell'intenso è *velenoso* la frutta *è marcia* e alcuni
ma *il* gas dell'*intenso* è velenoso *la frutta* è marcia *e alcuni*
ma il gas *dell'*intenso *è velenoso* la *frutta* è *marcia e alcuni*
ma il *gas* dell'intenso è velenoso la frutta *è* marcia *e alcuni*
ma *il* gas dell'*intenso è velenoso* la frutta è *marcia* e alcuni
ma il *gas dell'intenso* è velenoso *la* frutta è marcia *e alcuni*
ma il gas dell'intenso *è* velenoso la *frutta è marcia* e alcuni

28

the potential for reaction is by rule much greater conditioning / extinction / repetition /extinction and for "difference" one uses this word "difference" but stimulus but contrast remains but why Pavlov only on dogs?
and even add the sweet the coffee…

but the gas *from the depths* is poisonous *the fruit* is rotten *and* a few
but *the* gas from the depths *is* poisonous the fruit is rotten and a *few*
but the gas from the depths is *poisonous* the fruit *is rotten* and a few
but *the* gas from the *depths* is poisonous *the fruit* is rotten *and a few*
but the gas *from the* depths is *poisonous* the *fruit* is *rotten* and *a few*
but the *gas* from the depths *is* poisonous the fruit *is* rotten *and a few*
but *the* gas from the depths is poisonous the fruit is rotten *and a few*
but the gas *from the depths* is poisonous *the* fruit is rotten *and a few*
but *the* gas *from the depths* is poisonous *the fruit is* rotten *and* a few

sociogramma di gruppo del dialogo interiore
funzioni automatiche dell'esercizio frequente
talamo ipotalamo condotta sul lavoro
distinguere il valore dei soggetti
selezionare individui secondo l'ampiezza
e separare gli idonei

numero degli individui selezionati
metodo laboriosissimo cauto paziente come il serpente
metodo astuto metodo non in esilio e in percentuale
saggezza per scandagliare per valutare per non commettere
errori sopra la crosta di ghiaccio troppo sottile circa
l'ambiente (e nella famiglia di Bach 13 compositori 13 in
cinque sole generazioni) distribuzione – con uno scarto
del 31% del nostro non comune talento distribuzione nel
supermercato del romanzo lavato del poema incrostato
ma vedi un po' che a essere celebri siamo già troppi: 1 su
4.000   senza contare le nostre ascendenze i parenti
i già partiti   e il direttore della Filiale del Banco
Mendel che tara ereditaria che nome da musicista che
artista metodo
cauto per non commettere errori che a lungo andare
volente o nolente l'Azienda riscopre lo Stato riscopre
mettono in luce dichiarano a piena voce   entro
dieci secondi rispondi a ciascuna di queste domande*
perché come la storia anche la tecnica del mental test ha
la sua preistoria si pensi ad esempio al rito di iniziazione
alla consacrazione alla psicologia militare   un'alta

group sociogram of interior dialogue
automatic functions of frequent exercise
thalamus hypothalamus behavior at work
distinguishing the value of the subjects
selecting individuals according to amplitude
and separating the suitable

number of individuals selected
very laborious method careful patient like a serpent astute
method method not in exile and in proportional wisdom
for probing for evaluating for not committing mistakes
on the crust of ice too thin around the environment (in
Bach's family 13 composers in only five generations)
distribution – with discarding 31% of our non-communal
talent distribution in supermarket of the washed novel of
the encrusted poem   but have a look that we're
already too many to be famous: 1 out of 4,000   without
counting our family backgrounds relatives the already
departed   and the manager the Branch Office of
the Bank Mendel what an hereditary tare what a musician's
name what an artist
careful method for not committing mistakes that in the
long run willy-nilly the Corporation rediscovers the
State rediscovers brings to light proclaims in a loud voice
within ten seconds answer any of the following questions*
because like history even the engineering of the mental
test has its prehistory if you consider for instance initiation
rituals consecration military psychology   a high

percentuale di non idonei tra i sacerdoti a scagliare oltre il
confine la lancia   pochissimi erano adatti a pilotarci
sopra il Giappone   quasi nessuno si sa se la sente
oramai di schiacciare il bottone

*notare che il controllo volontario non si ripresenta la seconda volta
un volta aumentato in ascendenza notare (sotto forma di uguale fatica
uguale benessere) che talora il lavoro è coscienza ed è il dopolavoro
la dopocoscienza notare che ciò che viene asportato non è il midollo
spinale spesso non è nemmeno qualificato irrigato dissolto in polvere
sopra i concimi sopra la frutta notare (nella corteccia reticolare) un
dispendio dei cinque sensi il consumo del sesto l'abbassamento di quel
livello di percezione notare l'azione dell'ordine nuovo in relazione agli
orari e infine notare (suspense!) che è più cosciente naturalmente ciò
che si ignora

          la regola si sfalda si sgretola rinunzia sul
comportamento sul modo irregolare di porgere le dita della
mano se modifica il gruppo la composizione (o i dati dello
schieramento) se non giunge in orario se rifugge – a titolo
di esempio – la distribuzione: considera che il caso (come
caso) difficile che sia puntuale   *considera l'inizio
del lavoro come curva 1 e i tempi di controllo siano controllati
e si pensi*
          che la deviazione, dalla norma, tra l'eccesso e il difetto,
come anormale normalità (regolare irregolarità) come dito
nell'occhio, voglio dire, come schema irrelato che l'avvento
dell'elettricità... che senso avrebbe pensa tirare in ballo la
categoria che senso avrebbe e in ogni caso a quale scopo
dar fastidio all'Ufficio competente se alle stesse radici la

percentage of the non- suitable among priests in hurling
the lance beyond the limit   very few were capable to fly
us over Japan   almost nobody you know feels by now
like pushing the button

*noting that voluntary control doesn't show up a second time once
augmented in ancestry noting (in the form of equal effort equal well-
being) so that sometimes work is consciousness and post-work is post-
consciousness noting that what will be removed is not spinal marrow
most often is not even qualified irrigated dissolved in powder on the
fertilizers on the fruit noting (in the reticular cortex) an expenditure
of the five senses the using up of the sixth the lowering of that level of
perception noting the action of the new order in relation to the hours
and finally noting (suspense!) that what one ignores is more naturally
conscious

          the rule flakes crumbles disclaims as to
the behavior as to the irregular manner of holding out the
fingers if the group the composition changes (or the dates
of arrangement) if not punctual if not avoiding – as an
example – distribution: consider that fate (as fate) is rarely
on time   *consider the start of work as curve 1 and the time
for checking will be checked*   and one must think
    that the deviation, from the norm, between excess and
defect, as abnormal normality (regular irregularity) like a
finger in the eye, I mean to say, like an uncorrelated scheme
that the advent of electricity… consider what sense would
it have bringing the category into play what sense would it
have and in any case for what end to annoy the appropriate
Office if at the same roots the protest   there she is

protesta   eccola lì che si mangia le unghie   e
si vergogna   e tira in ballo questioni   di buona
educazione   come schema irrelato che l'avvento della
pubblicità...

e a quale scopo il tema preferito si esercita
sul fatto di un rapporto (proprio come conflitto) tra mac-
china e macchina specializzata – come Marx non diceva – e
adesso, lo sai, ci sono calcolatrici disoccupate, e macchine
da scrivere che appena si sposano si trovano già licenziate
e non hanno più niente da mangiare

chewing her nails   and she is ashamed   and she
brings questions into play   with a proper education
like an uncorrelated scheme that the advent of publicity...
                    and to what end the preferred theme
asserts itself on the fact of a relation (precisely as conflict)
between machine and specialized machine – as Marx didn't
say – and now, you know, there are unemployed calculators,
and typewriters that as soon as they marry find themselves
fired
and they have nothing more to eat

L'EBREO NEGRO

[The Nigger Jew]

(1966)

Catalogopoema

1

tram batte nella notte occhiuta lingua trappola che scatta
in isola fagocitata deimon parola che si strappa
e kerosene e fiato (distillazione) e assenza brevettata
incapsulando e incolonnati e nudi col marchio sulla faccia
ma tu ossida rogna le scaglie della pelle che si sfoglia
che neve formaggio grattugiato viene giù nel vento

2

girare la nave su se stessa gettarsi nel buco nell'acqua
e pesci a scalare gli scogli pinne che cercano appigli
il vecchio senza figli l'ultimo dei vivi si masturba e guarda
rossa striata e palpitante la specie che si estingue
nudo pingue canuto senza pelle lambito dalle onde si
    masturba
alghe meduse plancton sulla lingua fra i denti sugli
    occhiali
e cicli mestruali delle orbite vuote flaccide dietro le lenti

Catalogpoem

1

trolley rattles in the night sharp tongue trap that snaps
in the phagocytic island daimon word that snatches
and kerosene and breath (distillation) and patented
    absence
encapsulated and in a row and naked with the trademark
    on their faces
but you mange oxidize the scabs on the skin that flakes off
that snow grated cheese comes down in the wind

2

the ship turning on itself diving into the hole in the water
and fish climbing the cliffs fins searching for footholds
the childless old man the last of the living masturbates and
    watches
red striped and palpitating the species that's becoming
    extinct
naked obese white-haired without skin lapped by the
    waves he masturbates
seaweed jellyfish plankton on the tongue between the
    teeth on his glasses
and the menstrual cycles of the empty flabby orbs behind
    the lenses

3
le nuove rotative rotocalco i fuochi fatui il carro armato
    patton
e il bazooka fa centro e affonda dentro il palco il
    palombaro
dentro nel tino del mosto che fermenta galleggiano le
    scarpe
e stalattiti e stalagmiti e carpe e trote e la vescica gonfia
galleggiano le mani e dietro il vetro il vento gonfia le
    tendine
gonfia le singole dita il pollice il mignolo l'indice e
    l'anulare

4
metamorfosa Achille piedi mangiati dal sotterramento
e segatura sopra il pavimento e dal soffitto cadono le gocce
porfido e sabbia nel centro della stanza dal filo pende il
    ragno
le dita sgretolate le guance consumate la traccia dei capelli
le labbra o pergamena le unghie le radici le palpebre
    bruciate
corrose divorate logore distrutte in disfacimento

3

the new rotogravure rotary presses the will 'o the wisps
the Patton tank
and the bazooka hits the bulls eye and the deep sea diver
sinks into the stage
inside the vat of fermenting must the shoes are floating
and stalactites and stalagmites and carp and trout and the
swollen bladder
the hands are floating and behind the window the wind
swells the curtains
swells each finger the thumb the index the ring and the
little finger

4

Achilles metamorphosis feet eaten away from burial
and sawdust on the floor and drops fall from the ceiling
porphyry and sand in the middle of the room spider hangs
by a thread
the fingers crumbling the cheeks consumed the trace of
hair
the lips or parchment the nails the roots the charred
eyelids
corroded devoured worn out destroyed in decomposition

5

la maionese con l'insalata e le olive e il feto sul bordo del
 piatto
e il sugo denso compatto e la saliva salata macchia sul
 tovagliolo
ma l'ombelico ma quel cordone tagliato con il coltello da
 pesce
e come cresce si spappola gonfio si diluisce e come perde
 i capelli
perché soltanto in campagna corrono crescono belli
 prendono aria

6

grigio e viola gabbiano gonfio ferito nel volo sotto l'acqua
alghe meduse plancton sopra la parete sui vetri fra le ciglia
e grido del maiale stridulo sgozzato in sala operatoria
agitando il cavallo che scalpita la testa che brulica nel buio
bisturi chiodi lastre impressionate tumore coltivato sul
 cervello
zitto seduto zoppo le mani nelle mani le mani nei capelli

5

mayonnaise with salad and the olives and the fetus on the
    edge of the plate
and the thick condensed gravy and the salty saliva stain on
    the napkin
but the umbilical but that chord sliced off with the
    filleting knife
and how it grows gets mushy swollen diluted and how it
    looses hair
because only in the country do they run grow healthy
    breathe good air

6

gray and violet seagull wounded in flight swollen
    underwater
seaweed jellyfish plankton on the wall on windows
    between eyelashes
and the pig's squeal shrill slaughtered in the operating
    room
stirring up the horse that paws the head that swarms in the
    dark
scalpels nails developed x-rays tumor cultivated on the
    brain
quiet seated crippled the hands in the hands the hands in
    the hair

Alamogordo 1945

1

nella tomba di mio padre da millenni sono sepolti gli dèi
a Creta Micene Mexico o Babylon
e il tuo compito, giovane efebo, è radicalmente mutato
non si tratta di cantare in coro alla luce della luna
né di fingersi al calore dei fuochi pastori della mandria
    metallica
si tratta di osservare attentamente e di tenersi pronti
poiché da un momento all'altro la tomba del padre sarà
    spezzata
e un'unica ombra sulla terra ripeterà la forza del signore
che primo la rese possibile
che la distruggerà nell'abbraccio

2

cicatrizza pianamente la ferita inferta alla terra
la generazione offesa si trastulla sulla spiaggia di
    Guadalcanal
bere vodka a Leningrado e whisky a Piazzale Michelangelo
suonare jazz sulla costa del Pacifico
tutto ciò ha molta importanza
tutto ciò bisogna ricordarlo

Alamogordo 1945

1

in my father's tomb the gods have been buried for
    millennia
in Crete Mycenae Mexico or Babylon
and your task, young ephebe, is radically changed
we're not talking about singing in chorus by the light of
    the moon
nor pretending to the warmth of a bonfire shepherding a
    metallic herd
we're talking about carefully observing and staying ready
because from one moment to the next our father's tomb
    will break open
and one shadow will move over the earth with the force of
    the lord
who first made it possible
who will destroy it in an embrace

2

the wound inflicted on the earth slowly heals
the outraged generation dallies by the shores of
    Guadalcanal
drinking vodka in Leningrad and whiskey in Piazzale
    Michelangelo
playing jazz on the West Coast
all this is very important
all this must be remembered

3

A.S. dai «Diari» (Londra, British Museum)
ero da giorni al buio
aprii solo una notte la finestra improvvisa sulla piazza:
nasceva il sole
(sole)
gli uomini? pregavano stesi sotto delicate automobili
mentre le grate delle fognature risucchiavano i bambini
    già ciechi
ah dissero i nemici supplichevoli
gli angeli arrampicati su scale da pompiere smantellavano
    gli orologi dei campanili gotici
per significare la vendetta del tempo sulle ore dell'uomo
le porte dei rifugi erano già tutte chiuse
la storia giaceva nel mio letto a gambe aperte
benché io fossi innocente come gli altri

4

nel deserto tempio laboratorio
i figli inquieti preparano la definitiva visione
tentati l'ultima volta dal frutto della sapienza
nel tuo grembo depongono l'ovum da fecondare
l'ara del sacro amplesso è la torre metallica
o la carie disinfettata introdotta nel tuo corpo
che può fare il poeta se non coltivarsi le verruche sul viso
tu vedrai l'aria assaggerai il fuoco toccherai la luce
madre terra creata dal nostro ambiguo amore

3

A.S. from Diaries (London, British Museum)
for days I was in the dark
one night I suddenly opened the window over the piazza:
the sun was rising
(sun)
and humans? they prayed stretched out under delicate
    automobiles
while sewer grates sucked down the already blind children
ah said the imploring enemies
the angels grappling fire ladders dismantled the clocks on
    gothic spires
telling the vengeance of time upon human hours
the escape hatches were all already shut
history lay in my bed with legs wide open
although I was innocent like the rest

4

in the desert temple laboratory
restless children prepare the definitive vision
tempted the last time by the fruit of knowledge
in your womb they deposit the ovum to be fertilized
the altar of sacred embrace is the metallic tower
or the disinfected cavity introduced into your body
what can a poet do but cultivate warts on his face
you will see the air taste the fire touch the light
mother earth created from our ambiguous love

5

e ripetere il mito della creazione

gettare gli uomini dietro le spalle perché si tramutino in
    pietre

il sacerdote prega il seme divino (energia)

(sole) semen encefalo d'ogni forma di vita

tempo (fuoco) causa divina (vis viva) ameba eterno nel
    nucleo che si scinde

universi bruciati e ricreati—molteplici nell'uno del
    ripetersi (actus)

(energia) materia assunta alla città di dio

pòlio costante d'ogni protoplasma

signore del negativo e del positivo del numeratore e del
    denominatore della parte e del tutto

(ovum) basterà uno scatto per *prolificare*

(semen) fecondazione (fission) nel tuo corpo concepirai

(i nuclei avranno massa totale inferiore all'originaria)

fission fecondazione le mani dell'uomo riproducono dio
    (l'ovum si scinde)

aria fuoco luce (sole che adorano)

5
and repeating the creation myth
throwing men over one's shoulder so that they become
    stones
the priest implores the divine seed (energy)
(sun) semen encephalon of every living form
time (fire) divine cause (vis viva) amoeba eternal splitting
    of its nucleus
universes burned and recreated—manifold in the unity of
    repetition (actus)
(energy) matter assumed into the city of god
constant polium of every protoplasm
lord of the negative and the positive of the numerator and
    the denominator of the part and the whole
(ovum) a click will be enough to *proliferate*
(semen) fertilization (fission) in your body you will
    conceive
(the nuclei will have a total mass inferior to its origin)
fission fertilization human hands reproduce god (the
    ovum splits)
air fire light (sun that they adore)

6

fissa la stagione emette la sua voce nelle nuvole fa brillare
    il lampo sulla terra
il tuo e nostro destino madre terra
ecco l'orgasmo di Shamash la vittoria del tempo
quando esploderà l'amore dell'universo
e il figlio del sole porrà sulla torre di Babilonia le sue radici
    a catena
quando il tuo ventre sarà squarciato dal coito divino
e gli alberi sotto la pioggia solare crepiteranno
umén, uménaion, umén o uménai o
tutta la sua forza in te
ed eros e thanatos occhio destro e sinistro della sua
    eternità
confusi nell'unico sguardo della sua folgore

7

benché il tuo nome non possa scriversi che alla rovescia
causa immanente non transitiva
faticosamente ci siamo dati a ricostruire
affinché la violenza trovasse nuova materia della quale
    nutrirsi
mille volte con il fuoco abbiamo distrutto la pietra e con la
    pietra soffocato il fuoco
ma ora il fiume dell'eterno sradica la diga della storia
dilaga per la pianura portandovi il nulla
tu che costringesti il primo essere a spezzarsi pur di
    rinnovarne la specie

6

he fixes the season lets his voice loose among the clouds
    makes lightening shine over the earth
your and our destiny mother earth
here is the orgasm of Shamash the victory of time
when the universe's love will explode
and the son of the sun will set his chained roots on the
    tower of Babylon
when your belly will be rent by divine coitus
and the trees will crack under the solar rain
umén, uménaion, umén or uménai or
all his strength in you
and eros and thanatos the right and the left eye of his
    eternity
confused in his one flashing glance

7

although your name may only be written backwards
immanent not transitive cause
wearily we gave ourselves to reconstruction
so that violence would find new matter to feed upon
a thousand times we destroyed stone with fire and with
    stone suffocated fire
but now the eternal river uproots the dam of history
spreads across the plain bringing you nothingness
you who forced the first being to divide in order to renew
    the species
while in him you sank softly like a stone in the mud

mentre in lui affondavi dolcemente come una pietra nel
    fango
e preparavi l'inesorabile compiersi della più ingiusta
    giustizia
ho generato invano
poiché il cordone umbelicale è la via della quale si serve
    questo tuo brulicante parassita per infettare il figlio
    dopo la madre
s'impiccano ai tronchi sterili coloro che tradirono con un
    bacio il genere umano
seduto nel mezzo del fiume straripante
ma sono i miei fratelli, là in fondo, quelli che vedo evacuare?
conto le carogne che scendono al mare seguendo la corrente
mi chiedo quali frutteti ne saranno concimati
poiché questa è la dimostrabile necessità
accendendo il fiato d'un morto puoi illuminarti la via
quanto alla vacca che affannosamente tenta risalire la riva
    scoscesa sdrucciolevole di melma
il dio dei bovini lo conosco da quando frequentava le
    prostitute sacre, dalle parti di Tebe
io sono quella mummia del Louvre (radioattiva)
vano sarà seminare il frumento nelle mie orbite
o mangiare della mia carne—toccata dal dio
accanto a me si desta la segatura del serpente
e parla l'iscrizione non decifrata raccolta nei corridoi degli
    assiri
mentre batte al cristallo del vaso il feto dicefalo che
    ondeggia vibrando nell'alcool

and readied the inexorable fulfillment of the most unjust
    justice
I have begotten in vain
because the umbilical chord is the way taken by this your
    scorching parasite to infect the son after the mother
they hang themselves from dead trunks who with a kiss
    betray the human race
I seated in the midst of an overflowing river
are those my brothers, down there, those I see evacuating?
I count the corpses that follow the current down to the sea
I ask myself what orchards will they fertilize
because this is the demonstrable necessity
lighting a dead man's breath to light your way
as for the cow trying out-of-breath to climb back up the
    steep bank slippery with muck
I have known the bovine god from since he visited the
    sacred prostitutes, over in Thebes
I am that mummy in the Louvre (radioactive)
it would vain to sprinkle grain in my eye-sockets
or to eat of my flesh—touched by god
next to me the serpent's sawdust awakens
and the undeciphered inscription found in Assyrian halls
    speaks
as the two-headed fetus floats knocking against the crystal
    vase vibrating in alcohol

L'ebreo negro

1

i passanti, scuri e bassi, pesanti: avvolti nel fazzoletto
sopra la faccia

come brucia e fa fumo nero e denso l'erba del nuovamente
fiorito giardino

dentro nel quale giocava fanciulla la signora che scivola
nel vento

tenendo ben fissa con la mano la testa da poco rifatta

perché una raffica più forte delle altre non la mandi a
rotolare nel centro della piazza

signora salomé domandi al padre tuo soltanto la tua testa

2

tenendoci per mano intorno al carro armato dal quale
siamo nati noi danziamo

vedendomi alla fine salire, arrampicarmi, verso la corda
tesa sopra lo spazio

scimmia con la tuta lassù danzare protetto da una rete che
formano intrecciate le dita di quelli che stanno di sotto

e uno col piattello fare il giro, raccogliere monete

The Nigger Jew

1

the passersby, short and dark, heavy: wrapped in handker-
chief covering their faces

how the grass burns and smokes black and thick in the
newly flowering garden

inside where she played as a child the woman sliding in
the wind

with hands holding quite firm her head recently restored

so that a burst stronger than the others wouldn't send it
rolling into the center of the piazza

madame salome ask your father only for your own head

2

holding hands around the Patton tank from which we
were born we dance

seeing me finally ascend, crawling up, toward the rope
stretching above the space

monkey in overalls dancing up there protected by a net of
interwoven fingers of those who stand below

and one with a plate makes the rounds, collecting coins

che cosa posso fare in questo meccanismo mescolando il mio tempo in senso verticale

tenendo lontane da me le pagine del libro dei morti: iscrizioni, souvenirs, che rileggo la sera

ma la distruzione da un pezzo s'è compiuta: adesso, venire con me, chinarsi, guardare, toccare con le dita, pelle screpolata

seduti al tavolino a prendere il caffè per consultare i giornali: pioggia che batte sui tetti delle automobili in sosta

perfettamente tranquillo, seduto nel posto a me riservato, senza possibili errori, nel posto da me prenotato

gonfio relitto, carogna della nave dai pesci smantellata

e dentro la bacheca si dispongono in un ordine nuovo i vermi antichi: i cui corsi e ricorsi van seguiti

what can I do in this mechanism mixing my time in a
vertical direction

keeping at a distance the pages of the book of the dead:
inscriptions, souvenirs, which I reread at night

though for some time the destruction has been complete:
now, to come with me, to look, bend over, touch with your
fingers, cracked skin

sitting at a café having coffee checking the papers: rain
beating on the roofs of parked cars

perfectly relaxed, sitting in the seat reserved for me, with-
out any possible mistake, in the seat I reserved

swollen wreck, carcass of a ship dismantled by fish

and inside the glass case ancient worms are displayed in
a new order: whose occurrence and recurrence must be
pursued

3

di dirlo con i fiori lo sapevano da quando da dentro le
fosse comuni li spingevano fuori

soffice tappeto dai mille colori, colonie di vermi, truppe in
movimento verso il fronte

albero nato proprio nel mezzo: sopra la rete, dita
intrecciate di quelli che stanno lì sotto

orfeo! gli dice uno, erfeo! gridando, efreo! battendogli la
faccia con i piedi, ebreo! gli dice allora: «canta!»

canta! risveglia questi morti

e tra le fronde il vento, aria condizionata, deodorante
vaporizzato nella stanza da letto

e sopra la rete eccomi danzo, canto, suono la cetra:
scimmia dentro la tuta, tuta gonfia di vento, vescica di
porco

ed eccomi autocarro, puntando deciso verso il largo, vele
spiegate: sasso deciso ad affogare

vescica di porco gonfiata da gas cadaverici, un giorno già
piena di strutto

3

they knew how to say it with flowers when from within
the mass graves they pushed them up

soft carpet of a thousand colors, colony of worms, troop
movement towards the front

tree growing right in the middle: above the net, interwo-
ven fingers of those standing below

orpheus! one of them says, erpheus! yelling, ephreus!
stamping on his face, hebrew! He says then: "sing!"

sing! wake these dead

and the wind among the boughs, air conditioning, air
freshener sprayed in the bedroom

and here I am above the net I dance, I sing, I play the lyre:
monkey inside overalls, overalls swollen with wind, pig
bladder

and here I am a truck, definitely pointing at the open sea,
sails unfurled: rock definitely ready to drown

pig bladder swollen with the gas of corpses, a day already
filled with lard

4

sigillatemi il naso, mettetemi i piombi alle orecchie,
chiudetemi il buco del culo, cemento dentro la bocca

portarmi ad occhi aperti attraverso la città illuminata

(alberi intorno, nessuno per la strada)

poi, sùbito, a destra: violento carnevale

questi che corrono zoppi incontro ai vuoti tassì
dimenando le banconote

scivolando via vuoti i tassì senza fermarsi

questi che dalle nicchie tolgono gli imbalsamati amorini

fogne in continua vomitazione, liquido nero dentro le
scarpe

5

inutile distruggere le carte, inutile bruciare i documenti

vengono fuori in processione, cauti e pazienti, nascosti
dentro cenciose divise

mani sporche di terra, tasche sventrate

e un suono di violini li accompagna tutti al tram, per
prendere l'ultima corsa

4

seal my nose, shut my ears, plug my asshole, cement inside my mouth

carry me with eyes wide open through the brightly lit city

(trees all around, nobody in the streets)

then, suddenly, to the right: wild carnival

these people lurching in front of empty taxis waving dollar bills

taxis sliding away empty without slowing down

these who tear embalmed cupids from their niches

sewers continually vomiting, black liquid in your shoes

5

unnecessary to destroy papers, unnecessary to burn documents

they come out in procession, wary and patient, hiding in ragged uniforms

hands dirty with soil, pockets disemboweled

and a sound of violins accompanies them all to the bus, to catch the last run

stipateli! stipateli!

bloccare i finestrini, mettere i piombi alle porte

vettura che viaggia per la città di giorno e di notte, rumore riconoscibile, tram claudicante

pack them in! pack them in!

lock up the windows, seal the doors with lead

vehicle traveling through the city day and night, recognizable noise, asthmatic trolley

Il boomerang

1

arma che torna contro se stessa, il pesce s'arpiona nel
ventre fra i flutti dello champagne

e: imbandita e: luccicante – cristalli – e ritorno (in giacca
bianca) a togliere le briciole

noi tutti così bene accomodati, nudi, sopra l'erba, per la
foto-ricordo

decidendo d'amarci in articulo mortis, suicidio: modalità
decise per telefono

essendo ormai in protesto la cambiale che ci siamo avallati
l'un con l'altra

pieghe lucide, grasso: lampo azzurro, l'impianto che si
squaglia

frutto maturo l'ascensore appeso e come il verme nella
mela dentro eccomi assiso a battere spondei

The Boomerang

1

weapon that turns against itself, the fish harpoons itself in
the belly between flutes of champagne

and: table laid out: and – sparkling – crystal – and I return
(in white jacket) to clean up the crumbs

all of us so well-accommodated, nude, on the grass, for the
souvenir photograph

deciding on love in articulo mortis, suicide: questions of
modality settled over the telephone

having by now tried to discredit the debts we found mutu-
ally agreeable

shiny creases, fat: blue flash, the machinery melting

ripe fruit the elevator hanging and like the worm in the
apple here I sit beating out spondees

2

mi guadagno la paga stando in bagno due ore, scrivendo
versi galanti per le vecchie signore

ma questi morti di fame invadono le piazze, rovinano il
selciato, si bagnano con l'acqua degli idranti

vado a prendere l'aperitivo – ghiaccio, possibilmente – in
mezzo alla mia razza, in mezzo alla mia gente

ma questi morti di fame invadono le piazze, rovinano il
selciato, si bagnano con l'acqua degli idranti

con un gesto tranquillo della mano ecco fermo un tassì:
insieme a lei m'allontano

ma questi morti di fame invadono le piazze, rovinano il
selciato, si bagnano con l'acqua degli idranti

e un altro che ormai li conosceva tutti, anche quelli in
borghese, l'han pestato: soprattutto sull'occhio tesserato

2

I earn my pay staying two hours in the bath, writing gal-
lant verses for old gentle ladies

but these starving bastards invade the piazzas, ruin the
sidewalks, soak themselves with hydrant-water

I go get an aperitif – on the rocks, if possible – among my
own kind, among my own people

but these starving bastards invade the piazzas, ruin the
sidewalks, soak themselves with hydrant-water

with a casual wave of the hand there I stop a cab: together
with her I get away

but these starving bastards invade the piazzas, ruin the
sidewalks, soak themselves with hydrant-water

and another who knew them all by now, even those in
plain-clothes, they beat him up: especially his comrade's
wink

3

necropoli di dodge, di carriole, di tralicci sventrati, di rimorchi-giardino nei quali tra la pioggia cresce l'erba

necropoli: tombe-macerie che l'autocarro scarica sulla riva del fiume, tumuli-detriti che la piena corrode e porta al mare

quando gira l'impastatrice – sabbia, ghiaia e cemento – nella piazza scavata per le fondamenta due metri sotto il livello del piano stradale, sopra la carne viva della città

e nello scantinato la tomba di famiglia per macchine da scrivere, scaffali fitti di urne sopra le quali polvere cade dai nuovi modelli

ma sotto la tettoia, nell'area della fabbrica, necropoli di biciclette – ciechi manubri, sellini

con rastrello-bulldozer che devasta negli orti le lattughe, sulla terrazza gerani dentro il vaso calpestati dall'uomo dell'antenna

necropoli-posteggi: visitarli nel tardo tramonto nel giorno dei morti, dentro la nebbia, novembre, fari opachi, lapidi illeggibili

le date di N e di M si accendono e si spengono, variabile commossa intensità

3

necropolis of the Dodge, of wheelbarrows, of gutted
pylons, of mobile gardens in which grass grows in the rain

necropolis: tomb-ruins that the truck unloads on the
riverbank, rubble-mounds that the current erodes and
carries out to sea

when the cement mixer turns – sand, gravel and
cement – in the piazza dug up for a foundation two meters
below street-level, on top of the live flesh of the city

and in the basements the family crypt for typewriters,
shelves piled with urns on which dust drops from the new
models

but under the shed, in the factory area, necropolis of
bicycles – blind handlebars, seats

with the bulldozer-rake ravaging the lettuce patch, the TV
repairman who crushes potted geraniums

parking lot-necropolis: to visit them late at sunset, in the
fog, on the day of the dead, November, dull headlights,
illegible tombstones

the dates of N and M are lit and go out, a variable arousing
intensity

4

ah! quello che scava nella strada, trapano nel dente

e proprio dentro il buco del dente si posa la nicotina

secrezioni benzoliche, sudori metaniferi

e sotto l'epidermide s'annida l'arabesco dei rami che al
profondo pompano pus, rivoltano le scorie di petrolio
conciato – gas di scappamento che colorano il sangue

cristo! voglio proprio vederli galleggiare, sull'acqua
anguilliforme di piscina: sputi, carogne: mentre mi si
spezza

4

ah! that one digging in the road, drill in the tooth

and nicotine settles right in the hole in the tooth

benzol secretions, methane sweats

and under the epidermis nestles the arabesque of branch-
es that pump pus deep within, rotating the scum of refined
oil – exhaust gases that color the blood

christ! I really want to see them float, on the eel-shaped
water of swimming pools: spittle, carcasses: while breaks
my

Sterilità in metamorfosi

a Corrado Costa

1

persino è della pietra far vermi questa notte
dentro la pietra sono i suoi capelli
grumo nero impastato con bianchissima calce
e la roccia sta nel mezzo del lago
le sue dita irte di radici sono formiche
grumi neri impastati con bianchissima calce
le cinque dita sono cinque radici nel mondo che si solleva
perché persino la pietra fa vermi questa notte
fondamento del quale purtroppo qui non è luogo
radice comune dalla quale rampollano essi stanotte
è lama di coltello che taglia tra le dita

2

è lama di coltello che taglia tra le dita
si fa sabbia pietra rossa e della sabbia fango
e la roccia sta nel mezzo del lago
la mano a cinque dita che fu dentro la fogna
perché la roccia nel mezzo del lago si carica d'acqua
occhio del pesce arpionato che fissa il nero stivale che
    luccica d'acqua
è lama di coltello che fende la tua mano
e il mondo che si solleva si chiude a pugno
guarda nel centro della mano
ogni radice è dentro la tua carne
non risalgono più dal baratro giallo di sabbia

Sterility in Metamorphosis

to Corrado Costa

1

even out of stone the worms come tonight
inside the stone there is his hair
black lump kneaded with the whitest lime
and the rock stands in the middle of the lake
his fingers bristling with roots are ants
black lumps kneaded with the whitest lime
his five fingers are five roots in a world back on its feet
because even the stone makes worms tonight
foundation of which here unfortunately isn't the place
common root out of which they arise tonight
it's a knife blade that cuts between the fingers

2

it's a knife blade that cuts between the fingers
red stone becomes sand and sand mud
and the rock stands in the middle of the lake
the five-fingered hand that was inside the sewer
because the rock in the middle of the lake fills with water
the harpooned fish's eye fixing on the black boot glistening
    with water
it's a knife blade that slashes your hand
and the world back on its feet shuts like a fist
look into the center of the hand
each root is in your flesh
they no longer rise from the sandy yellow chasm

3

non risalgono più dal baratro giallo di sabbia
grumi neri impastati con bianchissima calce
è la tua mano che s'apre tra le dita come un fiore nell'alba
rana squartata che frigge nell'olio della cucina sul fiume
e i funghi tra le dita seminati ora vedono il sole
radice inchiodata allo scafo della roccia sommersa
come s'alza nell'aria il pesce che l'aria consuma
e i funghi gonfiati dal sole producono pus
perché dentro la pietra sono i suoi capelli
perché il mondo che si solleva si chiude a pugno
perché non risalgono più dal baratro giallo di sabbia
e il sole li gonfia li gonfia perché producano pus

4

perché ho preso i capelli di colei che mi fece
al lento ruotare dell'occhio dentro la testa
sepolti tra le mie dita essi che terra ricopre
questa mano medusa schiacciata dal piede di marmo
quando dentro il tuo ventre semino dita di mani e di piedi
perché con la pietra si salda la torre di carne
lama di sabbia rossa che fende la sterile acqua
e il mondo che si solleva si chiude a pugno
al lento ruotare dell'occhio dentro la testa
radice inchiodata allo scafo della roccia sommersa
pesce che s'alza nell'aria e che l'aria consuma

3

they no longer rise from the sandy yellow chasm
black lumps kneaded with the whitest lime
it's your hand opening among fingers like a flower at dawn
sliced frog frying in oil in the kitchen on the river
and mushrooms sown between the fingers now see the sun
root nailed to the hull of the submerged rock
how the fish rises in the air that consumes it
and the mushrooms swollen by the sun produce pus
because inside the stone there is his hair
because the world back on its feet shuts like a fist
because they no longer rise from the sandy yellow chasm
and the sun swells them swells them so they produce pus

4

because I took the hair of she who made me
to the slow turning of the eye inside the head
buried between my fingers those the earth covers up
this medusa hand crushed by the marble foot
when inside your belly I sow fingers and toes
because with stone the tower of flesh is balanced
blade of red sand slashing the sterile water
and the world back on its feet shuts like a fist
to the slow turning of the eye inside the head
root nailed to the hull of the submerged rock
fish rising in the air and that the air consumes

5

è la tua colpa colomba rossa che sale dall'intestino
come la mano che tengo nell'acqua che bolle
e il ventre è questa parete che scivola sopra di me
mentre distesa sul fianco la città s'addormenta
in mezzo alla piazza di marmo gonfio di pus
e come sappiamo da tempo da sempre bambini gridano in
    piazza
quando mi levo dal letto sopra la valle
e la sua mano aperta sotto la gonfia radice che si chiude
    con la radice
perché non risalgono più dal baratro giallo di sabbia
avendo già appeso il cappello alla torre dell'orologio
corpo di luce che dentro alimento e distruggo
gonfie di vermi radici le sbarre in rugoso cemento

6

e lascio la lingua che affondi nella pietra scheggiata
mentre mi spezzo le unghie contro la tenera carne
perché ho preso i capelli di colei che mi fece
perché persino la pietra fa vermi questa notte
al lento ruotare dell'occhio dentro la testa
quando sú dal tuo ventre sorgono dita di mani e di piedi
denti del ventre che strappo con l'unghia affilata
affinché il piede dell'uomo conosca la morsa delle radici
tra i funghi gonfiati dal sole che semina pus
corpo di luce che dentro alimento e distruggo
qui dentro lamiera contorta della sua casa
perché la roccia nel mezzo del lago si carica d'acqua

5

your fault is a red dove rising from the intestines
like the hand I keep in the boiling water
and the belly is this wall that slides over me
while lying on its side the city falls asleep
in the middle of the marble piazza full of pus
and as we've known for some time for a long time children
    scream in the piazza
when I get out of bed above the valley
and his hand open under the swollen root shuts with the
    root
because they no longer rise from the sandy yellow chasm
already having hung the hat from the clock tower
body of light inside which I nourish and destroy
roots swollen with worms the barriers in rough cement

6

and I leave the tongue sinking in the splintered rock
as I tear my nails against the tender flesh
because I took the hair of she who made me
because even the stone makes worms tonight
to the slow turning of the eye inside the head
when out of your belly spring forth fingers and toes
the belly's teeth that I yank with sharpened fingernail
so that a man's foot comes to know the roots' grip
between the mushrooms swollen by the sun that sows pus
body of light inside which I nourish and destroy
here inside your house's crooked sheet metal
because the rock in the middle of the lake fills with water

7

perché la roccia nel mezzo del lago si carica d'acqua
grumo nero impastato con bianchissima calce
tela bianca che strappo con l'unghia affilata
qui dentro lamiera contorta della sua casa
scende la pressa rugosa che schiaccia la dura mano
è la tua colpa colomba rossa che ruota dentro la testa
piedi di marmo che tarlo corrode nel mezzo del prato
ora che il tempo equivale a ciò che sarà
unghia che taglia contorta lamiera del ponte
al lento nuotare del pesce dentro la roccia

8

semino capelli e dita nel ventre che arai
perché con la pietra si salda la torre di carne
ed è calda la cera che scende a riempire la bocca
ora che il tempo equivale a ciò che sarà
radice inchiodata allo scafo della roccia sommersa
e lungo disteso sul pavimento il quadro dell'impiccato
perché ho preso i capelli di colei che mi fece
radice comune dalla quale rampollano essi stanotte
perché il mondo che si solleva si chiude a pugno
quando nel sonno degli abitanti si brucia la vera città
scoppiano sassi nel fuoco sotto la pelle
riga che cresce e che sale sul foglio
verso ritmato nel luogo dell'insolita lama
è il ventre questa parete che scivola sopra di me
sui denti che l'unghia affilata strappa dall'alveo

7

because the rock in the middle of the lake fills with water
black lump kneaded with the whitest lime
white canvas I rip with a sharpened fingernail
here inside his house's crooked sheet metal
the rough throng descends crushing the hard hand
it's your fault red dove that turns inside the head
marble foot that woodworm corrodes in the middle of the
    meadow
now that time is equivalent to that which shall be
nail that cuts the bridge's crooked sheet metal
to the slow swimming of the fish inside the rock

8

I sow hair and fingers in the belly that I ploughed
because with stone the tower of flesh is balanced
and the wax is hot coming down to fill up the mouth
now that time is equivalent to that which shall be
root nailed to the hull of the submerged rock
and the hanged man's painting stretched out full on the floor
because I took the hair of she who made me
common root out of which they arise tonight
because the world back on its feet shuts like a fist
when the real city burns in the dreams of its inhabitants
rocks explode in the fire under the skin
line that grows and rises on the sheet
rhythmical verse in place of the unusual blade
the belly is this wall that slides over me
on the teeth the sharpened nail yanks from the riverbed

9

e dentro qui questa pietra capelli di questa colei
ah che prendo le dita e i capelli di questa colei
come s'alza nel pesce lamiera contorta del ponte
affinché il piede dell'uomo conosca la morsa delle radici
e come sappiamo da tempo da sempre bambini gridano in
   piazza
sepolti tra le due dita essi che terra ricopre
pesce che frigge nell'olio della cucina sul fiume
mondo che si solleva nel chiudersi a pugno
raccolgo polvere e sassi sotto la pelle
mentre chino sul foglio annoto gli effetti dell'esplosione
per questa ripugnanza tra me chino e me chino in avanti
e il nodo che lega alla cose divampa sul collo
   dell'impiccato

10

io siedo sopra me stesso
rosea medusa che brucia la mia libertà
è la mia pelle conciata il muro che incido con l'unghia
fuoco che danza nel volto contro se stesso
corpo di luce che dentro alimento e distruggo
s'accumula cera che frigge tra l'unghia e la carne
la roccia sommersa divampa dentro la sterile acqua
al lento ruotare dell'occhio dentro la testa
nel ventre di questa parete che scivola sopra di me
sabbia che si fa pietra
l'erba le cresce in mezzo ai capelli

9

and here inside this stone hair of this woman
ah I take the fingers and the hair of this woman
how the bridge's crooked sheet metal rises in the fish
so that a man's foot comes to know the roots' grip
and as we've known for some time for a long time children
    scream in the piazza
buried between the two fingers those the earth covers up
fish frying in the oil of the kitchen on the river
world getting back on its feet in shutting like a fist
I gather dust and stones under the skin
as I bend over the sheet I note the explosion's effects
for this repugnance between me bent and me bent
    forward
and the knot that ties to things blazes on the hanged man's
    neck

10

I sit on top of myself
rosy medusa that burns my liberty
my tanned hide is the wall I carve with my nail
fire dancing against itself in the face
body of light that inside I nourish and destroy
the wax accumulates frying between fingernail and flesh
the submerged rock blazes inside the sterile water
to the slow turning of the eye inside the head
in the belly of this wall sliding over me
sand that becomes stone

ruggine sopra le unghie
ora che il tempo equivale a ciò che sarà
pressa rugosa che schiaccia nell'occhio la testa
gonfia di vermi radice la sbarra in rugoso cemento
la mano le cinque dita già dentro la fogna

11
perché si degna colei che mi fece
radice inchiodata allo scafo della roccia sommersa
 e scoppiano sassi nel fuoco sotto la pelle
è questa la mia sapienza la sapienza che parlo
nodo che lega alle cose divampo nel collo dell'impiccato
perché si degna colei che mi fece
e io siedo sopra me stesso
mentre ruota la notte nell'occhio del chiuso spazio
mentre scivola sopra di me nel suo ventre la bianca parete
con questa sapienza che il sole gonfia di pus
perché si degna colei che mi fece
roccia sommersa divampo dentro la sterile acqua
tela bianca che strappo con l'unghia affilata
polvere e sassi raccolti sotto la pelle
cinque dita cinque radici nel mondo che si solleva
perché si degna colei che mi fece

the grass growing in the middle of its hair
rust on top of the nails
now that time is equivalent to that which shall be
rough throng crushing the head in the eye
root swollen with worms the barrier in rough cement
the hand the five fingers already in the sewer

11

because she deigns she who made me
root nailed to the hull of the submerged rock
and stones explode in the fire under the skin
this is my wisdom the wisdom that I speak
knot that ties to things I blaze on the hanged man's neck
because she deigns she who made me
and I sit on top of myself
as the night turns in the eye of the shut space
as the white wall in his belly slides over me
with this wisdom that the sun swells with pus
because she deigns she who made me
submerged rock I blaze inside the sterile water
white canvas I rip with a sharpened fingernail
dust and stones gathered under the skin
five fingers five roots in the world back on its feet
because she deigns she who made me

12

è lama di coltello che fende la mia mano
mentre la roccia nel mezzo del lago si carica d'acqua
né più risale dal baratro giallo di sabbia
là dentro lamiera contorta della mia casa
mentre chino sul foglio annoto gli effetti dell'esplosione
è la mia pelle conciata il muro che incido con l'unghia
 nel ventre di questa parete che scivola sopra di me
grumo nero impastato con bianchissima calce
cinque dita cinque radici nel mondo che si solleva
sui denti che l'unghia affilata strappa dall'alveo
fuoco che danza nel volto contro se stesso
rosea medusa che brucia la mia libertà
s'accumula cera che frigge tra l'unghia e la carne
gonfia di vermi radice la sbarra in rugoso cemento
e come sappiamo da tempo da sempre bambini gridano in
      piazza
quando nel sonno degli abitanti si brucia la vera città
al lento nuotare del pesce dentro la roccia
e i funghi gonfiati dal sole producono pus

12

it's the knife blade that slashes my hand
as the rock in the middle of the lake fills with water
nor rises any longer from the sandy yellow chasm
there inside my house's crooked sheet metal
as I bend over the sheet I note the explosion's effects
my tanned hide is the wall I carve with my fingernail
in the belly of this wall sliding over me
black lump kneaded with the whitest lime
five fingers five roots in the world back on its feet
on the teeth the sharpened fingernail yanks from the
     riverbed
fire dancing against itself in the face
rosy medusa that burns my liberty
the wax mounts frying between the fingernail and the
     flesh
root swollen with worms the barrier in rough cement
and as we've known for some time for a long time children
     scream in the piazza
when the real city burns in the dreams of its inhabitants
to the slow swimming of the fish inside the rock
and the mushrooms swollen by the sun produce pus

13

poiché persino la pietra fa vermi questa notte
casa avvampante nello spazio chiuso dai chiodi della
    roccia
rana squartata che frigge nell'olio della cucina sul fiume
e l'erba ricresce tra i suoi capelli
è la tua mano che s'apre come un fiore nell'alba
è la radice inchiodata allo scafo della roccia sommersa
è la mia colpa dispersa nel ventre di alcune madri
ah giuoco che mi moltiplica
ah freccia feconda
ah torre feconda
poiché persino la pietra fa vermi questa notte
trascino la pelle che pende sopra la ghiaia del nostro
    giardino
piede che fango ricopre al salire del mondo
riga che cresce e che sale sul foglio

14

riga che cresce e che sale sul foglio
fuoco che danza nel volto contro se stesso
mentre distesa sul fianco la città s'addormenta
e semino capelli e dita nel ventre che arai
e il ventre è questa parete che scivola sopra di me
e come sappiamo da sempre da tempo bambini gridano in
    piazza
luce che si consuma nel pesce che ruota dentro la testa
tela bianca che strappo con l'unghia affilata

13

as even the stone makes worms tonight
blazing house in the space shut by the nails in the
    rock
sliced frog frying in oil in the kitchen on the river
and the grass grows again in his hair
it's your hand opening like a flower at dawn
it's the root nailed to the hull of the submerged rock
it's my fault scattered in the belly of some mothers
ah game that multiplies me
ah fertile arrow
ah fertile tower
as even the stone makes worms tonight
I drag the skin that hangs above our garden's
    gravel
foot that mud covers up to the world's rising
line that grows and rises on the sheet

14

line that grows and rises on the sheet
fire dancing against itself in the face
while lying on its side the city falls asleep
and I sow hair and fingers in the belly that I ploughed
and the belly is this wall that slides over me
and as we've known for a long time for some time children
    scream in the piazza
light that runs out in the fish turning inside the head
white canvas I rip with my sharpened fingernail

unghie spezzate contro la tenera carne
la tua colpa colomba rossa che sale dall'intestino
è la mia colpa dispersa nel ventre di alcune madri
e nel tuo ventre il nodo che lega alle cose
pesce che s'alza nell'aria e che l'aria consuma

15
è lama di sabbia che fende la sterile acqua
questa mano medusa schiacciata dal piede di marmo
 nel ventre di questa parete che scivola sopra di me
pressa di marmo che scende con cinque radici sopra la
    testa
cinque radici nel mondo che si solleva chiudendosi a
    pugno
siringa che inietta bacilli alla radice del naso
perché a quel tempo tra gli occhi non c'era la morte
non c'era a quel tempo tra gli occhi una cosa immortale
ma sono le grida dei bimbi che giocano in piazza
nel ventre di questa parete le cinque radici
lame di sabbia rossa che fendono sterili acque
e collo dell'impiccato
di ciò che è stato detto
si sa che è stato detto perché bruci nel mondo

nails torn against the tender flesh
your fault a red dove rising from the intestines
it's my fault scattered in the belly of some mothers
and in your belly the knot that ties to things
fish rising in the air and that the air consumes

15
it's a blade of red sand that slashes the sterile water
this medusa hand crushed by the marble foot
in the belly of this wall sliding over me
throng of marble coming down with five roots on its head
five roots in the world back on its feet shutting like a fist
syringe that injects bacilli at the nose's root
because at that time there wasn't death between the eyes
there wasn't at that time an immortal thing between the
    eyes
but it is the yelling of children playing in the piazza
in the belly of this wall the five roots
blades of red sand slashing the sterile waters
and neck of the hanged man
of that which has been said
one knows it's been said so it might burn in the world

16

a cui sono dati gli oggetti quando sono pensati
per questa ripugnanza tra me chino e me chino in avanti
radice comune dalla quale rampollano essi stanotte
posizione imperfetta che con lo sguardo riacquisto così
perché così si trascende nell'onda che gonfia stanotte
in cui ci sono dati gli oggetti quando sono pensati
e precedono quelli che oggetti hanno pure un motivo
fondamento del quale purtroppo qui non è luogo
radice comune dalla quale rampollano essi stanotte
per questa ineguaglianza tra me chino e me chino in avanti
perché sia necessario notare soltanto la condizione
perché non solo essenziali si appare secondo la divisione

16

to whom objects are given when they are thought
for this repugnance between me bent and me bent
　　forward
common root out of which they arise tonight
imperfect position that with a look I regain like this
because like this one rises high in the wave that swells
　　tonight
in which we are given objects when they are thought
and precede those even if objects truly have a reason
foundation of which here unfortunately isn't the place
common root out of which they arise tonight
for this inequality between me bent and me bent forward
so it may be necessary to notice only the condition
because one appears not only essential according to the
　　division

La fossa delle Filippine

a Elio Pagliarani

1

come gridano i cani sdraiati sulla luna
bavosa sorridente padrona delle chiavi della diga
contro cui gettano sassi a baionetta innestata
gli alberi alcoolizzati agitati dal vento
così pulsano i corpi gonfi che muovono le dita
dei feroci abitanti del cranio trafitto dagli spilli
mentre risale dal pozzo con la testa piena di succo
    d'arancia
verso la quale pregano con la bandiera a mezz'asta
i pesci neri supini nel sogno dell'acqua

2

sono loro a gridare corpi cavi sdraiati nell'acqua
le sanguisughe sventrate dal sommergibile in avaria
occhi gonfi che muovono la palpebra scuotendo l'alveare
dal quale vanno fuori stridendo le dita torturate
delle due mani rosa che prendono lo slancio
verso i marines in assetto di guerra che danzano nel vuoto
tra i parassiti affamati sulla faccia cosparsa di miele
sopra la quale attecchisce il polline portato dal vento
come la forza del pugno dentro la calza di nylon

The Philippine Trench

to Elio Pagliarani

1

how the dogs cry lying around on the moon
slobbering grinning mistress of the keys to the dam
against whom the alcoholic trees throw stones
with fixed bayonets waving in the wind
so the swollen bodies pulse moving the fingers
of ferocious inhabitants of the brain pierced by pins
while she rises up from the well with head full of orange
    juice
to which the black fish pray lying supine
in the dream of water with flag at half-mast

2

it's they who cry hollow bodies lying around in the water
the leeches gutted by the damaged submarine
swollen eyes fluttering their lids shaking the beehive
out of which come out shrieking the tortured fingers
of the two rosy hands that are making a dash
toward the marines in battle trim dancing in the void
among the starving parasites on the face spread with
    honey
on which the pollen borne by the wind takes root
like the force of a fist inside a nylon sock

3
come la forza del pugno dentro la macchina in moto
è l'alga rossa e fangosa che viene fuori ondeggiando
dai buchi concavi e colmi che muovono le dita
del cadavere sventrato e pallido portato dal vento
il sorridente e bavoso padrone delle chiavi della diga
che risale dal pozzo testa piena di succo d'arancia
da dove fuggono urlando i marinai del sommergibile in
   avaria
che è il pesce nero ubriaco annegato nel sogno dell'acqua

4
ma chi è l'abitante del cranio infestato dai chiodi
o dagli alberi alcoolizzati agitati dal vento
che fa il rumore del mare e oh che splendido mare
al quale abbaiano i cani sdraiati sulla luna
ma sono loro a gridare corpi gonfi affioranti dall'acqua
dentro la quale si muove il marine in assetto di guerra
sulla cui pelle attecchisce il polline portato dal vento
che è questa mano di legno dentro il sacchetto di plastica
mentre dal pozzo risale la faccia piena di tagli

3
like the force of a fist inside the running engine
it's the red and muddy seaweed that comes out waving
from the concave and brimming holes moving the fingers
of the gutted and pale corpse borne by the wind
the grinning and slobbering master of the keys to the dam
who rises up from the well head full of orange juice
from which the sailors from the damaged submarine flee
    screaming
that is the black drunken fish drowned in the dream of
    water

4
but who is the inhabitant of a cranium infested with nails
or with the alcoholic trees waving in the wind
that makes the sound of the sea and oh what a splendid
    sea
at which bark the dogs lying around on the moon
but it's they who cry swollen corpses flowering from the
    water
inside of which the marines move in battle trim
upon whose skin pollen borne by the wind takes root
that is this wooden hand inside of a plastic bag
while from the well the sliced-up face rises again

5

mentre dal fondo del pozzo risale la faccia piena di tagli
da cui dentro la vasca da bagno ricadono gli scarafaggi
che sono quei turisti là in fondo che si godono il mare
che sono quei turisti sul battello che si godono il mare
da dove fuggono invece i marinai del sommergibile
    in avaria
non sono loro a nuotare corpi gonfi affioranti dall'acqua
sulla cui pelle non attecchisce il polline portato dal vento
che è l'occhio gonfio che agita la palpebra scuotendo
    l'alveare
dei feroci abitanti del cranio tempestato di spilli

6

ai feroci abitanti del cranio infestato dai chiodi
delle due mani rosa che hanno preso lo slancio
dal pesce nero ubriaco annegato nel sogno dell'acqua
come abbaiano i cani che mordono la faccia
celenterati appesi per i piedi che succhiano la goccia
del pipistrello con la clorofilla che salta senza rete
dai buchi concavi e colmi che muovono le dita
di questi turisti sul battello che si godono il mare
che è la goccia dalla ferita che cade nel secchio vuoto
che è la goccia dalla ferita che rimbomba nel secchio
    vuoto

5

while from the bottom of the well the sliced-up face rises up
from which cockroaches fall off again into the bath tub
who are those tourists down there enjoying the sea
who are those tourists on the little boat enjoying the sea
from which flee instead the sailors from the damaged
    submarine
it's not them swimming swollen bodies flowering from
    the water
on whose skin pollen borne by the wind doesn't take root
that is the swollen eye fluttering its lid shaking the beehive
of the ferocious inhabitants of the cranium studded
    with pins

6

to the ferocious inhabitants of the cranium infested
    with nails
of the two rosy hands that are making a dash
from the black drunken fish drowned in the dream of water
how the dogs bark that are biting the face
coelenterates hanging by their feet sucking the drop
of the bat with chlorophyll that jumps without a net
from the concave and brimming holes moving the fingers
of these tourists on the little boat enjoying the sea
that is the drop from the wound falling in the empty
    bucket
that is the drop from the wound reverberating in the
    empty bucket

7

e in erezione dita bottiglie rampe di lancio avambracci
celenterati appesi per i piedi che succhiano la goccia
al pipistrello con la clorofilla che agita le dita
verso i marines in assetto di guerra che saltano nel vuoto
da dove fuggono invece ronzando le dita torturate
che sono gli scarafaggi impazziti nella vasca da bagno
che è l'occhio aperto sul punto di strapparsi la palpebra
con le due mani rosa annegate nel sogno dell'acqua

8

celenterati appesi per i piedi o pipistrelli con la clorofilla
adesso sono nel corpo devastato gli alcoolizzati agitati dal
    vento
sono membrane fluorescenti di pesci neri ubriachi
    nell'acqua
con i feroci abitanti dell'occhio nel cranio tempestato di
    spilli
dei cani che mordono la faccia di questi turisti sul battello
che cadono piangendo sul cadavere sventrato trasportato
    dal vento
mentre risale dal pozzo la faccia che è il nido dei parassiti

7

and aroused bottles launching ramps forearms
coelenterates hanging by their feet sucking the drop
from the bat with chlorophyll wagging its fingers
at the marines in battle trim leaping in the void
from where instead the tortured fingers flee buzzing
that are the cockroaches gone crazy in the bathtub
that is the open eye on the verge of ripping away its lid
with the two rosy hands drowned in the dream of water

8

coelenterates hanging by their feet or bats with
    chlorophyll
now the alcoholics waved by the wind are in the
    devastated body
they are fluorescent membranes of black drunken fish in
    the water
with the eye's ferocious inhabitants in the cranium
    studded with pins
with dogs that bite the face of these tourists on the little
    boat
that fall weeping on the gutted corpse borne by the wind
while the face rising up from the well is the nest of
    parasites

9

la tartaruga in gelatina che punta l'unghia e ti accusa
è l'alga rossa e fangosa che viene ondeggiando
mentre gridano le madri le figlie le mogli ai margini della
    miniera
dove mordono i cani la faccia ai dodici turisti sul battello
che sono le dodici dita che bruciano sopra la torta del suo
    dodicesimo anno
celenterato appeso per i piedi o pipistrello con la clorofilla
o boa squamoso in tensione che fa l'amore con la
    mangusta dentro il mio letto
che è la vasca da bagno dentro la quale nidifica lo
    scarafaggio
con le sue mani rosa fluttuanti nel bianco del latte

10

come gridano a gola spaccata i marinai annegati nella luna
che sono i parassiti tranquilli del sommergibile gonfio di
    miele
membrana fluorescente del pesce nero ubriaco inchiodato
    nell'acqua
o nottola sventrata appesa sopra il letto per succhiare la
    goccia
che cade ritmicamente sul cadavere che vomita tra le
    lenzuola
da dove vengono fuori grasse e rosse le alghe ondeggiando
che sono i pendoli degli orologi che frugano negli alveari

9

the turtle in gelatin that points its fingernail and accuses
    you
it's the red and muddy seaweed that comes waving
while the mothers the daughters the wives cry at the
    mine's edge
where the dogs bite the face of the twelve tourists on the
    little boast
that are the twelve fingers burning on the cake of his
    twelfth year
coelenterates hanging by their feet or bats with
    chlorophyll
or scaly tense boa making love with the mongoose in my
    bed
that is the bathtub in which the cockroach is building a
    nest
with its rosy hands undulating in the white of milk

10

how the sailors drowned on the moon cry with broken
    throats
that are the calm parasites from the submarine swollen
    with honey
fluorescent membrane of the black drunken fish nailed in
    the water
or gutted noctule hanging above the bed to suck the drop
that falls rhythmically on the corpse vomiting on the
    sheets

che sono in erezione dita bottiglie rampe di lancio
   avambracci
adesso che esplodono i serbatoi adesso che l'aria ha preso
   fuoco
mentre corrono le madri le figlie le mogli ai margini della
   miniera

11
 mentre risale dal pozzo la luna gonfia di succo d'arancia
è l'alga rossa e fangosa il montacarichi vuoto che viene
   fuori tossendo
dal buco concavo e cavo che agita le dodici dita
delle due mani rosa che muovono la palpebra scuotendo
   l'alveare
che è la vasca da bagno dentro la quale ricadono gli
   scarafaggi
che sono in erezione tappi bottiglie rampe di lancio
   avambracci
che fanno il rumore del mare oh che splendido mare
adesso che esplodono i serbatoi adesso che l'aria ha preso
   fuoco
sulla membrana fluorescente del corpo devastato agitato
   dal vento

from where the seaweed comes out fat and red waving
that are the clock's pendulums rummaging around in the
    beehives
that are fingers bottles launching ramps forearms aroused
now that the tanks are exploding now that the air has
    caught fire
while the mothers daughters wives are running to the
    mine's edges

11
while the moon swollen with orange juice rises up from
    the well
is red and muddy seaweed the empty hoist that comes
    coughing
out of the concave and hollow hole that wags the twelve
fingers
of the two rosy hands fluttering the eyelid shaking the
    beehive
that is the bathtub into which cockroaches are falling
    again
that are corks bottles launching ramps forearms aroused
that make the sound of the sea and oh what a splendid sea
now that the tanks are exploding now that the air has
    caught fire
on the fluorescent membrane of the devastated body
    waving in the wind

12

adesso che esplodono i serbatoi adesso che l'aria ha preso
    fuoco
sulla membrana fluorescente del corpo sventrato agitato
    dal vento
che è la ruota sopra la testa e sotto la testa il succo di
    pomodoro
che lecca il cane ubriaco che abbaia là sulla luna
bavosa e sorridente padrona delle chiavi della diga
contro cui gettano sassi a baionetta innestata
gli alberi alcoolizzati agitati dal vento
che sono i corpi gonfi che vengono fuori agitando le dita
e facendo il rumore del mare oh che rumore fa il mare
ma tu vomita turista dal battello
vomita turista vomita dài nutri i gabbiani feroci

12

now that the tanks are exploding now that the air has
    caught fire
on the fluorescent membrane of the gutted body waving
    in the wind
that is the wheel above the head and under the head the
    tomato juice
that the drunken dog licks barking there on the moon
slobbering and grinning mistress of the keys to the dam
against whom the alcoholic trees throw stones
with fixed bayonets waving in the wind
that are the swollen bodies that come out wagging their
    fingers
and making the sound of the sea and oh what a sound the
    sea makes
but you tourist vomit from the little boat
vomit tourist go on vomit feed the ferocious gulls

L'ora dell'aperitivo

1
questa immagine di pianeta disabitato

del cavallo impazzito con le zampe affondate fino ai
garretti nella crosta terrestre che bruca la faccia del
cadavere affiorante dalla gelatina

immagine a colori nel vecchio cimitero di montagna in
luce di tramonto fiume giù nella valle

sugli alberi lo strepito le larve nelle radici succhiano la
terra granulosa la linfa granulosa dalla spina dorsale

ecco come stridono lì contro i denti questi frammenti di
corteccia cerebrale di conio del ventricolo di cornea

2
la mano è il peso vivo al termine del braccio in musica di
teste che battono e risuonano e il talamo le fibre ossute
dita sopra la tastiera

ossute, nude come ossuti nuraghi, colore triturato sopra
l'acqua e vele — punte di coltello che fendono la tela

The Cocktail Hour

1
This image of an uninhabited planet

of the horse gone berserk up to his hocks in the earth's
crust that grazes on the face of the corpse blossoming in
the gelatin

technicolor image in the old mountain cemetery by the
light of a sunset river below in the valley

in the trees the din the larvae in the roots suck the
granulated earth the granulated sap from the spine

look there how their teeth screech against these fragments
of cerebral cortex of the die of the cornea's ventricle

2
the hand is the live weight at the end of the arm in the
music of heads that beat and echo and the thalamus the
ligaments the bony fingers on the keyboard

bony, naked as bony prehistoric towers,[4] colors pounded
onto water and sails – knife points that slice the canvas

---

4 *Nuraghi*: prehistoric Sardinian towers sometimes still used as
habitations.

ah spasimo dell'angelo che danza sopra i carboni ardenti
ah mimica di ruote che triturano i denti al suicida in
stazione

ma, giorni dentro giorni, slittava l'ala il gabbiano ferito dal
fumo dei forni

per la numerazione il conto che non torna
l'etichettamento dei cadaveri — lascito per il museo, testi
da consultare

gli storici, li vedi: con gli occhiali, le maschere sul viso:
anestetizzati

compiendo con gesti misurati le ovvie operazioni, sacchi
vuoti dentro il camice bianco

io sono questa storia, carne inscatolata, cerebro dipinto
esposto sulla cattedra, con le mie zone corticali e i segni
del pensiero e la memoria e il tempo e la violenza della
comprensione

ah spasm of the angel who dances on the red-hot coals ah the mime of wheels that pound the teeth of the suicide in the train station

but, days within days, the gull's wings faltering wounded by smoke from the ovens

in numbering the count that doesn't work out even the tagging of corpses – donations to the museum, texts to be consulted

the historians, look at them: with glasses, masks over their faces: anesthetized

executing with careful gestures the obvious operations, empty sacks in white coats

I am this history, canned beef, illustrated cerebrum exhibited in a lecture hall, with my cortical zones and traces of thought and memory and time and the violence of comprehension

3

se questo che tu vedi qui seduto è uomo carne spirito
pesce dentro terra

ciò che il suo corpo contiene si vede alla luce del sole è
vetro che si calpesta

e linguaggio e funzione. Wernicke! la sua regione lesa

ma silenzio e rigide strutture, la spina che trafigge — il
colore del mare è la materia che vedi evaporare

e il vento è la fiamma che divampa nel pallido e giallo
cortile, il vento ritmicamente

viene col vento da occidente il suono del tamburo
percosso, dello schiaffo che il viso ripetuto ricevendo si
gonfia

viene col vento il deficit, l'errore nel bilancio: col fuoco
nella stiva tradire la bandiera

zampe stecchite della nave gabbiano alla deriva sughero
rosso che vigila la preda stando in superficie

3

if this you see seated here is man meat spirit fish in the
ground

the contents of his body are visible in the sunlight is glass
to trample on

and language and function. Wernicke! His region injured

but silence and rigid structure, the thorn pierces – the
color of the sea is the matter you watch evaporate

and wind is the flame that flares up in the pale and yellow
courtyard, the wind rhythmically

sound of the beating drum arrives on the western wind, of
the slap that the repeated face receiving swells up

deficit arrives on the wind, error in the balance: with fire
in the hold betraying the flag

stiff legs of ships gull adrift near the shore red bobber that
guards the prey floating on the surface

4

già, che l'ora che segna l'orologio è l'ora dell'aperitivo: lo
riceviamo nel fuso bicchiere dal barman carbonizzato

all'ora che segna l'orologio che è l'ora del grande aperitivo,
del grande comune preludio all'ultimo pasto

spezzaci il pane, rimescola il grano bruciato al giro del
sole: al giro del sole girano i fiori dentro la serra

far dell'umana humanitas il fiore acceso la perduta
speranza il giro sbagliato della roulette

io tutto così messo per traverso, una ragione sopra l'altra e
in mezzo: «deciditi, decidi»

4

of course, the hour showing on the watch is the cocktail
hour: we take it in a fused glass from the charred
bartender

at the hour the watch shows which is the hour of the
grand cocktail, of the grand communal prelude to the last
supper

break us the bread, mix the scorched corn as the sun turns:
as the sun turns the flowers turn in the hothouse

to make of the human humanitas the lit flower the lost
hope the wrong turn of the roulette wheel

I'm put in such a bad spot, one reason on top of the other
and in the middle: "decide yourself, decide"

MAJAKOVSKIIIIIIIJ

(1971)

for Riccardo

La composizione del testo

1

un aggettivo la respirazione la finestra aperta
l'esatta dimensione dell'innesto nel fruscìo della pagina
oppure guarda come il testo si serve del corpo
guarda come l'opera è cosmica e biologica e logica
nelle voci notturne nelle aurorali esplosioni
nel gracidare graffiare piallare od accendere
qui sotto il cielo pastoso che impiastra le dita
parole che parlano

2

si rivolge alla notte le grida di rallentare
dalla finestra o esistenza è il cerchio è lo spazio
è ritmico altalenare arpione che sfiora le labbra
gesti di bronzo camera oscura segno lasciato dall'acqua
incorniciata gelida faccia ipocrita polvere ipnosi
guarda ma guarda come la negazione modifica il testo
con parole possibili con parole impossibili

The Composition of the Text

1

an adjective breathing the window open
the insertion's exact dimension in the rustling of pages
or see maybe how the text uses the body
see how the work is cosmic and biological and logical
in nocturnal voices in auroral explosions
in the croaking scratching scraping setting fire
here under the soft sky sticking all over the fingers
words that speak

2

he turns to the night cries out to it from the window
to slow down or existence is the circle is the space
is rhythmic swinging harpoon that brushes the lips
bronze gestures darkroom a stain left by the water
framed frozen hypocritical face dust hypnosis
see but see how negation modifies the text
with possible words with impossible words

3

ma il testo è un oggetto vivente fornito di chiavi
la cruda resezione il suo effetto l'incredibile osmosi
è questo il momento che aspetti comincia a tagliare
guarda come si tende e si gonfia sta per scoppiare
è l'immatura anaconda si morde la coda strisciando
odore della palude odore coniato da fiato di fango
un libro un quaderno una penna un desiderio indolore
senza parole

4

e stancamente ora prende coscienza dei propri propositi
non è difficile fare prove diverse ricerche diverse
improbabili preparativi per un viaggio ormai certo
anche tu lasciati rendere sterile non spalancare la porta
intrattabile eczema la carne stellata le macerie il macello
nel testo tutto si accumula tutto si scioglie in vapore
 ricordati è tardi ricordati è ora di andare di salutare
con poche precise innocue parole

3

but the text is a living object furnished with keys
the crude resection its effect the incredible osmosis
this is the moment you wait for start cutting
see how it stretches and swells it's ready to burst
it's the young anaconda biting its own tail dragging
odor of marshes odor coined from the breath of swamps
a book a notebook a pen a painless desire
without words

4

tired now he becomes aware of his own purposes
it's not difficult to try various tests various experiments
improbable preparations for a voyage by now certain
you too let yourself become sterile don't throw open the
    door
untreatable eczema the stamped meat the ruins the
    slaughterhouse
in the text everything accumulates everything melts into
    vapor
remember it's late remember it's time to go to say goodbye
with a few careful innocuous words

5

dopo le prime battute la materia diventa insensibile
o sensibile incerta privata rischiosa privilegiata
    declinazione
in termini di organiche funzione e disfunzioni
oppure in termini di slabbrate sgraziate monodiche
    alternative
guarda a questo punto come il testo comincia a perdere i
    colpi
la colpa è del rifiuto tu parti dallo stesso rifiuto di prima
ma accetterai qualsiasi altro incarico ti venga affidato
che non abbia bisogno di parole

6

è incoerente è indeterminato la sua malattia non ha scopo
adesso che siamo nel testo gli infissi sembrano cedere
un sostantivo è un accesso di tosse il principio dell'isteria
la volgare dilatazione la trancia sanguinolenta
senza falconi senza promesse senza corni da caccia senza
    catarsi
il bosco è pieno di fragili docili stupide vittime
il bosco è pieno d'amore e come odia l'amore
questa parola

5

after the first beats the material becomes insensible
or sensible uncertain private risky privileged declension
in terms of organic functions or malfunctions
or in terms of chipped awkward monodical alternatives
see at this point how the text begins to miss the beat
the refusal is to blame you begin with the same refusal as
    before
but you will accept whatever other duty entrusted to you
that has no need of words

6

it's incoherent it's undetermined his sickness has no
    purpose
now that we are in the text the fixtures appear to subside
a noun is an excess of coughing the beginning of hysteria
the vulgar embellishment the shears dripping with blood
without falcons without promises without hunting horns
    without catharsis
the woods are full of fragile docile stupid victims
the woods are full of love and how it hates love
this word

7

fra poco nel testo avrà inizio la parte finale
catalogo di manierismi e di stupri canzone e narcosi
sul calendario segnare con la matita la data della consegna
un verbo è il parassita il narciso la rabbia sottocutanea
ma guarda come la macchina mastica e schiuma e riscalda
la musica sale la mano corregge la luce si abbassa
più bassa la testa allarga le braccia non chiudere gli occhi
cancella quella parola

7

before long in the text the final part will have begun
catalog of mannerisms and of rapes song and narcoses
marking on the calendar with a pencil the delivery date
a verb is the parasite the narcissus the rage beneath the
    skin
but see how the machine masticates and bubbles and
    heats up
the music rises the hand corrects the lights go down low
the head even lower open your arms wide don't shut your
    eyes
cancel that word

Majakovskiiiiiij

per Julien & Giulia

(exordium)

questa estrema dissoluzione sistematicamente portata
ai limiti della violenza e fino alle terre del fuoco
fino all'eccitazione stagnante nel rendimento del ritmo
alle catastrofi degli organismi in circostanze casuali
nelle città fagocitate nei corpi incrostati di sale
sotto la luna ecchimotica che rotola sopra il biliardo

(narratio)

con un po' di fervore ma ancora variabile per confermare
il tutto per confermare lei che ama con insistenza
che vegeta ramificata nel vuoto pneumatico del suo
    racconto
la prognosi tattile l'eccezionale stupefacente chiarezza
la domestica peste la febbre in espansione nell'universo
con un po' di fervore ma sempre variabile per confermare
il tutto per confermare lei che ama con insistenza

Majakovskiiiiiij

for Julien & Giulia

(exordium)

this extreme dissolution systematically carried
to the limits of violence and up to the land of fire
up to the stagnant agitation in the rendering of rhythm
to the catastrophes of organisms in casual circumstances
inside the phagocytic cities in bodies encrusted with salt
under a bruised moon rolling across the pool table

(narratio)

with some enthusiasm but already flexible enough to
   confirm
everything to confirm her who loves insistently
that vegetates ramified in the pneumatic void of her story
the tactile prognosis the exceptional stupefying clarity
the domestic plague the fever expanding in the universe
with some enthusiasm but always flexible enough to
   confirm
everything to confirm her who loves insistently

(partitio)

ogni singola parola è adesso una tempesta di gesti
un riflesso delle sue ribellioni o la piacevole ombra
dell'albero che messo in moto si libera dai coleotteri
il palmipede ossuto lo stimolo ligneo che s'agita negli
    strumenti
per l'apertura per l'enfasi in certi momenti della giornata
 alle spalle degli animali braccati nello spettacolo esploso
degli animali braccati che scivolano nella materia

(probatio)

un riflesso delle sue ribellioni la piacevole ombra
che vegeta ramificata nel vuoto pneumatico del suo
    racconto
l'eccitazione stagnante nel rendimento del ritmo
che vegeta ramificato nel vuoto pneumatico del suo
    racconto
con un po' di fervore ma sempre variabile per confermare
al palmipede ossuto lo stimolo ligneo che l'agita negli
    strumenti

(partitio)

every single word is now a tempest of gestures
a reflex of her rebellions or the pleasing shadows
of the tree that put in motion frees itself of beetles
the tough web-footed the woody stimulus excited in the
    instruments
to open to emphasize in certain moments of the day
at the backs of animals hunted in the exploded spectacle
of hunted animals that slip into the material

(probatio)

a reflex of her rebellion the pleasing shadow
that vegetates ramified in the pneumatic void of her story
the stagnant agitation in the rendering of rhythm
that vegetates in the pneumatic void of her story
with some enthusiasm but always flexible enough to
    confirm
with the tough web-footed the woody stimulus excites in
    the instruments

(repetitio)

mancano ancora nella composizione le digitali memorie
i presupposti marini i parziali giardini i liquidi impulsi
le catastrofi degli organismi in sospensione nell'universo
i cavalli castrati che perdono tempo nelle profonde
    caverne
sotto la luna ecchimotica che rotola sopra il biliardo
alle spalle degli animali braccati nello spettacolo esploso
degli animali braccati che scivolano cauti nella materia

(peroratio)

ogni singola parola è stata una tempesta di gesti
l'albero che messo in moto si è strappato di dosso le foglie
la foglia che messa in moto si è strappata di dosso le dita
il dito che messo in moto si è strappato di dosso i cavalli
il cavallo che messo in moto si è strappato di dosso le
    unghie
ah la prognosi tattile ah la domestica peste
con un po' di fervore ma il tutto invariabile per confermare
il tutto per confermare lei che ama con insistenza

(repetitio)

digital memories still lacking in the composition
the marine assumption the partial gardens the liquid
    impulses
the catastrophes of organisms suspended in the universe
the castrated horses that waste time in deep caverns
under a bruised moon that rolls across the pool table
at the backs of animals hunted in the exploded spectacle
of hunted animals that slip into the material

(peroratio)

every single word has been a tempest of gestures
the tree put in motion has stripped itself of leaves
the leaf put in motion has stripped itself of fingers
the finger put in motion has stripped itself of horses
the horse put in motion has stripped itself of fingernails
ah the tactile prognosis ah the domestic plague
with some enthusiasm but everything variable enough to
    confirm
everything to confirm her who loves insistently

La prossima malattia

1

considera prima di tutto la posizione delle cose
mangiate e smangiate dal tempo dalla noia dal freddo
la corruzione è questa speranza che ti leggi nell'occhio
sbarrato e smarrito nello specchio corroso del bagno
davanti all'interminabile elenco di smagliature
nel tessuto intricato delle ore da mezzanotte a mezzanotte
insieme alla clessidra alla cassandra alla catalessi

2

considera prima di tutto la posizione delle cose
il raffreddore la segheria che ti urla nelle orecchie
il frastuono sillabante dell'acqua dal rubinetto
la presenza e l'assenza il fiato corto la digestione
l'odore del corpo bagnato è sinonimo di perversione
o di prudenza eccessiva o di lampi dentro la rètina
qualcosa batte alle tempie bisogna aprire la testa

The Next Sickness

1
consider first of all the position of things
eaten and worn away by time by boredom by cold
corruption is this hope that you read in the eye
wide open and lost in the corroded bathroom mirror
in front of the endless catalog of incoherences
within the hours' intricate tissue from midnight to
    midnight
in the company of a clepsydra of a cassandra of a catalepsy

2
consider first of all the position of things
the common cold the saw mill screeching in your ears
the syllabic clamor of water from the faucet
presence and absence shortness of breath digestion
a wet body's odor is synonymous with perversion
or excessive prudence or a spark in the retina
something beats on the temples we must open the head

3
considera prima di tutto la posizione delle cose
sei diventato cordiale non ti lamenti sorridi
dietro la casa comincia a crescere l'erba
con i suoi dolci pidocchi verdi del verde dell'erba
questo prurito che ti gratti si chiama primavera
orefice e acido muriatico argento e argilla
attento alle correnti d'aria al cuore ai pensieri

4
considera prima di tutto la posizione delle cose
gli anni si succedono agli anni la questione è risolta
dalla maniacale ossessione dal calendario in cucina
dal vento dal risentimento è linfa o corteccia
è trigonometrica respirazione sottomessa poligamia
con il polline giallo la gialla fecondazione
tonfo dello stantuffo amarezza mitridatismo

5
considera prima di tutto la posizione delle cose
adesso non vale la pena di tirar fuori la lingua
è monotono il tuo sospetto è bisogno di compagnia
ci sono sedie e poltrone c'è l'erosione della parete
che lascia polvere e calcinacci briciole fossili
becchettìo della stanza affamata digrignare di pioggia
la valigia si è chiusa la chiave si è persa

3
consider first of all the position of things
you have become cordial you're not complaining you
    smile
behind the house the grass begins to grow
with its sweet lice green like the green of the grass
this itching that you scratch is called spring
jeweler and hydrochloric acid silver and clay
be careful of drafts to the heart to your thoughts

4
consider first of all the position of things
years follow upon years the question is resolved
by the maniacal obsession by the kitchen calendar
by the wind by resentment is lymph or tree bark
is trigonometric breathing subdued polygamy
with the yellow pollen the yellow fertilization
thud of the piston bitterness antidotal

5
consider first of all the position of things
now it's not worth the effort to stick out your tongue
your suspicion is monotonous is need of company
there are chairs and easy chairs there is the wall's erosion
that leaves dust and powder fossilized crumbs
pecking of the starving room the gnashing rain
the suitcase has closed itself the key has gotten lost

6
considera prima di tutto la posizione delle cose
digrassa la carne macellata la pietanza il microcosmo
che fortifica la diga manierata la sorda insolenza
la precisione dell'intaglio del male del giardino
agrifoglio geranio lumaca scolopendra
questo sì che si chiama partire per un viaggio
la natura è stupida e buona la natura è cattiva

6
consider first of all the position of things
remove fat from the meat the main course the microcosm
that fortifies the overly polite dam the deaf insolence
the precision of the cut of the sickness of the garden
holly geranium snail centipede
this is what's called taking off on a trip
nature is stupid and good nature is evil

Il poema Stalin

1

impermutabile indeclinabile in valuta pregiata in parole
rabbia non potere d'acquisto non valvola di tradimento
nevischio pioggia dura sul selciato sconnesso la piazza
sopra finimenti di cuoio gli odori bagnati la truppa
non facciamoci nebbia con discorsi non esageriamo la
    tosse
accendiamo sigarette ai fantasmi

2

da qualche parte ancora il fiume il paese resta scritto
in caratteri gotici tra ditate di fiele schizzi di bile
ragni ornatamente inchiodati zampe sottili uncinate
non star lì a fare i conti erano ormai dappertutto
anche la storia talvolta dice la verità

Stalin Poem

1

unchangeable indeclinable in gold currency in words
rage not the power of acquisition not the valve of betrayal
sleet hard rain on the disconnected concrete the square
on leather horse-rigging the wet smells the troop
let's not make fog with our arguments let's not overdo the
     cough
light cigarettes for ghosts

2

somewhere still the river the town remains written
in gothic characters between finger-marks of gall squirts
     of bile
spiders ornately nailed the ends of the legs hooking
     slightly
don't stand there adding things up they were by then
     everywhere
even history sometimes tells the truth

3
leccare non serve è azzannare che salva
non è riposo nella stanza ovattata sulla sedia a rotelle
la biascicata paura il ventaglio dell'opportuna sfiducia
l'incastro venoso e arterioso il risparmio del sangue
un calcolo posticipato che costa al destino dell'uomo
la metamorfosi del comunismo che non è il comunismo

4
nessuna voglia adesso di un elenco di sconfitte
chi deve guidare ha sempre davanti una strada in salita
ancora una volta le chiavi di casa le ha in tasca il nemico
la spia il delatore nostro cugino l'intellettuale invecchiato
dentro l'intrigo la musica astuta la magniloquenza
dell'incorreggibile istinto della privata indulgenza

5
funebre è il refrigerio di calcolarsi in pericolo
non la prèfica soltanto ha il diritto di cantare le lodi del
    morto
occorre soprattutto forzare la misura la diligenza
    apologetica
dai sillogismi non è necessario ricavare scusanti al silenzio
alla bilanciata ingratitudine alla non scremabile oscurità
tacere non è meglio di mentire

3
to lick does not work it is mauling that saves
it's not rest in the padded room in the wheelchair
the mumbling fear the fan of opportune distrust
the joints of veins and arteries the saving of blood
a postponed calculation that costs the destiny of man
the metamorphosis of communism that is not
    communism

4
no desire now for a catalog of defeats
who must guide has always a steep road ahead
once again the house key the enemy has in his pocket
the spy the informer our cousin the aging intellectual
within the intrigue the clever music the magniloquence
of the incorrigible instinct of private indulgence

5
funereal is the refreshment of calculating oneself in danger
not only the hired mourner has the right to sing the
    praises of the dead
above all one needs to force the measure the apologetic
    scruple
it's not necessary to recover from syllogisms excuses for
    silence
for balanced gratitude for darkness one cannot skim
silence is no better than lying

6

nemmeno il copista si astiene dalla cerimonia del coro
cisterna di sermoni avariati di amnesiche ammonizioni
la mansuetudine impiastriccia le righe diluisce le idee
ma all'esatta violenza appartiene un'esatta stenografia
non gli incanti dei trucchi e dei giochi della purezza
delle inquietudini estetiche della pazienza

7

un poema Stalin dovrebbe essere scritto senza aggettivi
senza virgole né decimali senza opportune parentesi
l'esclamazione un veleno l'interrogazione una stanca
    orditura
me niente di meno accettabile dell'ingiuria del punto
    fermo

1879-1953

6
not even the copyist abstains from the ceremony of the
    chorus
cistern of rotten sermons of amnesia admonitions
meekness smears up the lines dilutes the ideas
but to exact violence belongs exact stenography
not the charm of gimmicks and games of purity
of the aesthetic restlessness of patience

7
a Stalin poem ought to be without adjectives
without commas or decimals without convenient
    parentheses
the exclamation a poison the question mark a tired plot
but nothing less acceptable than the insult of a period

1879-1953

DIVERSI ACCORGIMENTI

[Various Devices]

(1975)

Il quaderno bianco

1

Destarsi annunciarsi mostrarsi nell'inquietudine
di un luogo che è la presenza della presenza
l'inavvertibile sfida il sospetto l'imputazione
un risultato dell'allusione una tarata risposta.

2

Intanto il pensiero diurno divarica la spaccatura
smentisce l'eccesso dei succhi la smania del corpo
nel gesto che corrisponde ai decreti all'intreccio
all'abito di cartapesta dell'altro protagonista.

3

Un'infusione che sblocca e raddoppia le sfaldature
le insinuazioni le insidie le rare occulte emozioni
di un'arte di concordanza con gli oggetti assoluti
nella maschera molle che articola sillabe ostili.

4

Un suono che corrisponde alla trama della distanza
alla remota richiesta della complice macchinazione
o al canone algebrico all'urto dei nuovi frammenti
un compito della sostanza nell'ordine della manovra.

The Blank Notebook

1
To awaken to announce oneself to be seen in the
    restlessness
of a place which is the appearance of appearance
the unnoticed challenge the suspect the accusation
the result of an allusion a calculated answer.

2
Meanwhile the diurnal thought spreads the crack apart
contradicts the excessive juices the body's rage
in a gesture corresponding to the rules to the plot
to the papier mâché costume of the other protagonist.

3
An infusion that releases and increases the flaking
the insinuations the traps the mysterious rare emotions
of an art of agreement with absolute objects
in a pliable mask pronouncing hostile syllables.

4
A sound which corresponds to the scheme of distance
to the remote demand of a conspiratorial machinery
or to the algebraic canon to the clash of new fragments
an undertaking of substantial in the order of the maneuver.

Un po' di rigore

[Un'altra scacchiera]

                              per Franco Beltrametti

L'emozione non si combina con l'apertura
che è claustrofobia organizzata e magnete
di un doppio dualismo orientato una regola
che si progetta in affabile concentrazione
o scorciatoia per mosse e argomenti finali?

[L'occhio del vaudeville]

Scarna sazia ed insana la nota si coagula
in alterco schiumoso corale chiromanzia
è la voce contorta l'estasi lesionata
il tocco del rasoio la parafrasi astiosa
la sua giambica lectio la parte del confidente
ciò che esalta l'attore a necroforo e spia.

A Little Rigor

[Another Chessboard]

for Franco Beltrametti

Emotion does not coincide with the opening
that is organized claustrophobia and the magnet
of an oriented double dualism a rule
that is projected in affable concentration
or shortcut for moves and final arguments?

[The Eye of Vaudeville]

Satiated skinny and insane the note coagulates
in a scummy quarrel a choral chiromancy
is the contorted voice the wounded ecstasy
the razor's touch the spiteful paraphrase
the iambic lectio the role of the confidant
exalting the actor to gravedigger and spy.

[Etruria]

a Francesco Martello

Il viaggio l'eutanasia l'isterica quiete
stile di ombre e di sommerse ricongiunzioni
la sabbia previdente l'impronta nel cunicolo
il lievitato banchetto sprangato del terrore.

[Capsula]

Il seme del verso alligna e matura nel caos
è incognita o gergo o semplice atteggiamento
di ascesa operosa nell'ambito della fusione
di lava e lebbra contratte nell'omonimia
che ritorce ed asciuga il lessico della materia
il miele la mina subacquea le infiltrazioni.

[L'impaginazione]

a Vincenzo Accame

La dimostrazione è nel paradosso
o nelle evoluzioni contrastate
che snervano la pressione della volta
fissata in proporzione dal paranco
sul piano inclinato che sprofonda
nelle argonautiche arginazioni.

[Etruria]

For Francesco Martello

The journey the euthanasia the hysterical quiet
style of shadows and sunken rejoining
the farsighted sand the footprint in the burrow
the leavened feast riveted with terror.

[Capsule]

The seed of the line takes root and matures in chaos
is incognito or slang or simply an attitude
of busy climbing within the limits of fusion
or lava and leprosy contracted in the homonymy
that rebukes and drains the vocabulary of matter
the honey the underwater mine the infiltrations.

[Layout]

for Vincenzo Accame

The proof is in the paradox
or in the doubtful evolutions
that unnerve the vault's pressure
fixed proportionately by hoist
on the inclined plane that sinks
into argonautical embankments.

[Asepsi]

L'algoritmo centrale la chimica condensazione
l'energia che alimenta le pause gli avvenimenti
nell'espansione del cerchio nel rapido affondamento
che è l'alibi della nutrice il fiato del caso
l'insospettabile cosmo il regresso il destino
del compromesso intuibile in calcoli in pose
o in nuove passioni nuove sintetiche analogie.

[Il rischio dell'astrazione]

Il ruolo dei colori qui è l'inconsistenza
l'occasione sospetta di una lezione mentale
un'assenza privata un riflesso un rinvio
agli oggetti sorteggiati sulla lente
alle tracce di un pensiero equivocato
in sentimento o spugna o semplice equilibrio
su una compattezza imbevuta di varianti.

[Asepsis]

The central algorithm the chemical condensation
energy that feeds the pauses the events
in the circle's expansion in the rapid sinking
which is the alibi of the nurse the breath of chance
the unsuspected cosmos the regression the destiny
of the compromise self-evident in calculations in poses
or in new passions new syntactical analogies.

[The Risk of Abstraction]

Here the part played by color is the inconsistency
the suspicious occasion of a mental lesson
a private disappearance a reflex a return
to the objects picked out by the lens
to the traces of a thought equivocated
in sentiment or sponge or simple equilibrium
on a compactness soaked with variants.

[Commensurabile e/o incommensurabile]

per Giovanni d'Agostino

La posizione in cui è stata sorpresa la mente
diventa la fantasia la proiezione di un mondo
che è la funzione dell'occhio l'eccitamento
di pesi disponibili di alterate esperienze
o in una fase diversa il taglio l'osservazione
l'immagine che non corrisponde all'immagine
la frattura la nuova dimensione l'iperbole
che definisce ridefinisce specifica o espone
lo spazio dal quale vediamo uscire la forma.

[Greenwich]

a Giulia Niccolai

L'isola è protetta dall'astensione dal vuoto
della stiva negata al carico imponderabile
di una terra che naviga abolendo la rotta
del cargo azzerato dal racconto di un viaggio
intrapreso e interrotto dal sole sul quadrante
della mente smantellata secondo ragione.

[Commensurate and/or Incommensurate]

for Giovanni d'Agostino

The position in which the mind was surprised
becomes the fantasy the projection of a world
that is the function of the eye the excitement
of available burdens of altered experiences
or in a different phase the incision the observation
the image that does not correspond to the image
the rupture the new dimension the hyperbole
that defines redefines specifies or exposes
the space from which we see form emerge.

[Greenwich]

for Giulia Niccolai

The island is protected from abstention from the void
of the hold denied to the imponderable cargo
of a land that sails abolishing the course
of a cargo reduced to zero by the journey's telling
undertaken and interrupted by sun on the quadrant
of the mind dismantled according to reason.

Una leggera metempsicosi

1

La liturgia l'inconfessabile programma
che non sconvolge i contenuti dell'ansia
o della mano che rielabora gli effetti
dell'onda deformata dall'ambiente
in ibrida calma o azione tegumentale.

2

L'altro teatro è il sommario mistero
del premettere o accludere un senso
al breve riassunto o spastica telegrafia
di madide gravide sceneggiature
tagliate lungo la linea della fortuna.

3

Il culto miscela l'insipido plasma
al soggetto annientato dalla catastrofe
è il raziocinio dell'alga la salamoia
dei turni che servono all'indennizzo
o al secco respiro dell'intagibile.

A Slight Metempsychosis

1
The liturgy the unmentionable plan
that does not upset the content of anxiety
or of the hand elaborating the effects
of a wave deformed by its surroundings
in a hybrid calm or tegumental urge.

2
The other theater is the brief mystery
of assuming or enclosing a sense
in the quick summary or spastic telegraphy
of damp swollen scenarios
divided along lines of luck.

3
The cult stirs the insipid plasma
in the subject annihilated by catastrophe
is the reasoning of seaweed the brine
of schedules that serve as compensation
or the tight breath of the intangible.

4

Il centro l'inevitabile paralogismo
la pura misericordia il sale della canzone
che si spacca o si stacca dalla nozione
del logos perduto nella loquace fobia
di sentimenti o paure di semplici affetti.

5

L'isolamento è uno squarcio nel peso
suggellato dall'abitudine e dal cibo
un sonno pensante conquistato dall'arpa
in cadenze bruciate e distrutte nel corpo
cadente abbandonato quasi inesprimibile.

6

L'aria è l'aria che viene pronunciata
o ingoiata secondo la mobile tattica
è polvere l'insicurezza l'eccitazione
l'occhiata animale sull'abile prassi
del varco di una leggera metempsicosi.

4

The center the inevitable paralogism
the pure mercy the salt of the song
that bursts or breaks away from the notion
of logos lost in the loquacious phobia
of feelings or fear of simple affection.

5

Isolation is a gash in the weight
sealed by habit and by food
a heady sleep conquered by the harp
in cadences burned and destroyed in the body
decrepit abandoned nearly inexpressible.

6

Air is air that becomes pronounced
or swallowed according to movable tactics
dust is insecurity excitement
the animal glance at capable practice
of the opening of a slight metempsychosis.

L'abolizione della realtà

Georges Seurat
*Pomeriggio domenicale all'isola
della Grande Jatte* (1884-85)

La meraviglia il senso degli oggetti laccati
inchiavardati misurati truccati nell'orologio
generosa felice matura penitenza ombra
che il sole sbandato ricuce sulle foglie
calzoni cappelli ombrelli e gonne e guanti
la collera affoga sospirando il gemito risuona
sulla parete decorata e vuota sulla bilancia
gorgo smagliato secco smaltato gongorismo
congenito alla sete alla cupa stupefazione
o meraviglia o senso degli oggetti laccati.

The Abolition of Reality

Georges Seurat
*Sunday Afternoon on the Island
of Grande Jatte* (1884-85)

The wonder the sense of lacquered objects
bolted measured tricked out in the clock
generous happy mature penance shadow
that the sun disbanded sews on the leaves
trousers hair parasols and gowns and gloves
anger drowns sighing the groan resounds
against the decorated and blank wall against the scale
unraveled dry whirlpool enameled Gongorism
congenital with thirst with gloomy astonishment
or wonder or the sense of lacquered objects.

Jacques Villon
Fattoria normanna (1953)

L'equilibrio non la miseria delle parabole
scanalate amputate dallo stillicidio furioso
di un settembre assopito l'anestetico blando
nel carezzevole gioco di stilizzate stesure
nella presenza del nero predicato alla porta
della pianura asservita alla cabala dell'orizzonte
all'immanenza sensibile del profilo in rilievo
di portico stalla granaio steccato tetto e cortile
in lastricata misura in assestata chiarezza
l'equilibrio non la miseria delle parabole.

Carlo Carrà
Natura morta metafisica (1916)

L'ostacolo l'imbastitura dello schema del mondo
la traccia sprofondata nel gesso il giardino invetriato
sotto luce da plenilunio sotto cieli inquadrati
dall'ortogonia della stanza dal disappunto
nel gorgogliare spaesato nel rostro addormentato
schiacciato avvizzito curioso dentato intagliato
deposito di amori e di orrori di mete e strumenti
merletto di dolceamara memoria di rigidi sogni
tra i resti di un cibo ossidato di un'ossea natura
l'ostacolo l'imbastitura dello schema del mondo.

Jaques Villon
Norman Farm (1953)

Equilibrium not the misery of parabolas
fluted amputated by the furious dripping
of a drowsy September the soothing anesthetic
in the caressing play of stylized drafts
in the presence of black predicated at the plain's
entrance enslaved to the horizon's kabala
to the sensitive immanence of the raised profile
of portico stable granary fence roof and yard
in a paved measure in a settled clarity
equilibrium not the misery of parabolas.

Carlo Carrà
Metaphysical Still-Life (1916)

The obstacle the rough sketch of the world's outline
footprint sunk in plaster the garden glazed
under full moonlight under skies framed
by the rooms orthogony by disappointment
in the bewildered bubbling in the dozing rostrum
crushed faded curious toothed carved
storeroom of love and loathing of goals and tools
lace of bittersweet memory of rigid dreams
among the remains of oxidized food of a bony nature
the obstacle the rough sketch of the world's outline.

Petrus Christus
Ritratto di giovane donna (1450)

Lo strappo il cauterio sofisticato
sulla membrana del pegaso incivilito
nell'uovo completo e incompleto del tramonto
concepito nella distanza illesa dell'occhio
nel disagevole impulso nella quieta sordina
per la voce la raganella inchiodata le labbra
o altri sinonimi altre sfasate omologie
per la ferita rimarginata per il soppresso fermento
apologia del silenzio ricatto del malleabile
nello strappo nel cauterio sofisticato.

Giorgio Morandi
Natura morta con cactus (1917)

Le unghie le dita la molle solidità della cera
la forma dell'astinenza la monodia nutritiva
dello specchio asciugato dal colore plasmato
nell'origine chiusa e remota del gesto orgoglioso
stampigliato sulla porosa sull'ibrida ponderatezza
sul vaso di terracotta sull'animale spinoso
incastrato dentro i ricordi dentro la monomania
nel delirio sabbioso nella sedicente purezza
se è la vita che parla quando torna a bussare
alle unghie alle dita alla molle solidità della cera.

Petrus Christus
Portrait of a Young Lady (1450)

The rip the sophisticated cautery
on the membrane of a civilized Pegasus
in the complete and incomplete sunset egg
conceived in the eye's unhurt distance
in the uncomfortable impulse in the soft quiet
for voice the nailed tree frog the lips
or other synonyms other out-of-phase homologies
for the healed wound for the suppressed ferment
apologia of silence blackmailed by the malleable
in the rip in the sophisticated cautery.

Giorgio Morandi
Still-Life with Cactus (1917)

The nails the fingers the soft solidity of wax
the shape of abstinence the nutritious monotony
of a mirror dried out by molded color
in the closed and remote origin of proud gesture
stamped on a porous and cross-bred ponderance
on a terracotta vase on a spiny animal
imbedded within memories within monomania
in sandy delirium in would-be purity
if it is life that speaks when it comes back to knock
on nails on fingers on the soft solidity of wax

Che giorno è oggi

1
Democrazia una parola
agevolmente lingua corruttibile
        plausibilmente negabile
e rinnegabile la causa della giustizia
        la sottrazione
rinnovabile al ritmo è la distanza
sussidiaria mestizia
o teofania.

2
Democrazia una parola
miseramente rifiuto improponibile
        garbatamente estinguibile
e riestinguibile la sete dell'ammalato
        la percezione
ritrovabile insieme alla collera
volontaria avarizia
o teosofia.

What Day Is Today

1
Democracy a word
easily corruptible tongue
      plausibly deniable
and re-deniable the cause of justice
      the subtraction
renewable to the rhythm is the distance
subsidiary sadness
or theophany.

2
Democracy a word
miserably unacceptable refusal
      politely quenchable
and requenchable the sick man's thirst
      the perception
recoverable along with rage
voluntary avarice
or theosophy.

3
Democrazia una parola
ovviamente trascurabile origine
        scopertamente risibile
e irrisibile il peso della menzogna
        la confessione
riconducibile alle radici
precaria amarezza
o teodulia.

4
Democrazia una parola
dubbiosamente sconfessabile
        felicemente confermabile
e riconfermabile la prognosi esatta
        la delazione
riducibile alla più breve distanza
planetaria misericordia
o teologia.

3
Democracy a word
obviously negligible origin
      openly ridiculous
and laughable the weight of the lie
      the confession
referable to the roots
precarious bitterness
of theodulia.

4
Democracy a word
dubiously disownable
      happily confirmable
and reconfirmable the exact prognosis
      the betrayal
reducible to the shortest distance
planetary compassion
or theology.

5
Democrazia una parola
brutalmente la forma modificabile
        totalmente dicibile
e ridicibile il nucleo dell'impazienza
        la violazione
ritrasmissibile al mondo
stabile inflorescenza germe della violenza
non teogonia.

5
Democracy a word
the brutally changeable form
        totally pronounceable
and repronounceable the nucleus of impatience
        the violation
retransmittable to the world
stable florescence germ of violence
not theogony.

L'esistenza della descrizione

[Paesaggio]

Solida irrespirabile la sera la zavorra
l'aria sopra le case la scomposta energia
tesa sopravvissuta gettata in mezzo all'erba
sbandata sbaragliata distrutta nel ritorno
verso la selezione la radice ritorta
la corda la carrucola le nuvole discordi
oltre l'esumazione la cornice scomparsa
truccata elaborata bagnata nella pioggia
perversa innominabile la smorfia la collina
rozza scarnificata ridotta all'insipienza.

[Interno]

Una somma di alberi scandaglia la finestra
è luce decrescente geometria corrosiva
o riverbero arsenico aspra pigmentazione
sulla tazza sbeccata intarsiata dall'ombra
della porta sfumata che socchiude lo spazio
in residui dispersi scrostati dalle muffe
dei colpi di scalpello caduti sul mosaico.

The Existence of Description

[Landscape]

The solid unbreathable night the ballast
the air above the houses the decomposed energy
tense survived thrown in the middle of the grass
strewn dispersed destroyed while returning
toward the selection the twisted root
the cord the tackle the discordant clouds
beyond exhumation the vanished frame
tricked-out elaborated soaked by the rain
the perverse unnamable grimace the crude
lacerated hill reduced to silliness.

[Interior]

A sum of trees plumbs the window
is waning light corrosive geometry
or glimmer arsenic harsh pigmentation
on the chipped cup inlaid with the shadow
of the pale door that half closes the space
in scattered residue peeled from the mold
of chisel blows falling on the mosaic.

[Paesaggio n. 2]

Il bassopiano l'inverno asciuga la caligine
un luogo o apocalissi un rumore attutito
è l'incontro assorbito l'evitata presenza
stemperata nel vuoto nel volto nei polmoni
è il fischio del richiamo l'impassibile genesi
l'insensibile segno la prova la paralisi
senza domande o suppliche senza dimenticare.

[Il mio Rousseau]

per Alessandro Serra

La biacca è rozza inedia stampata sul greto
sulle scaglie del pianeta affioranti dal fiume
che gli argini mantengono liquido dentro la terra
ispirata dai fuochi neri delle colture.

[Landscape n. 2]

The lowlands the winter dries the coal dust
a place or apocalypse a muffled sound
is the absorbed encounter the avoided presence
diluted in the abyss in the face in the lungs
is the bird call the impassive genesis
the indifferent sign the proof the paralysis
without questions or prayers without forgetting.

[My Rosseau]

                     for Alessandro Serra

White lead is crude starvation printed on the riverbed
on the planet's scales surfacing from the river
whose banks keep it liquid inside the earth
inspired by the black fires of the crops.

[Una piazza: rileggendo una poesia]

per Aldo Palazzeschi

La fontana il suo impegno alla tortura
alla fragile docile soavemente ingegnosa
macchina che mastica inghiotte digerisce
il cavallo sbalordito dall'urto delle grida
tra le palme gli ulivi le logiche trascritte
il peso è puro stagno mercurio escremento
elementi proclivi all'ansia al desiderio
al segmento spezzato irrorato dall'acqua.

[A Piazza: Rereading a Poem]

for Aldo Palazzeschi

The fountain its commitment to torture
to the fragile docile sweetly ingenious
machine that masticates swallows digests
the horse stunned by the impact of screams
among the palms the olives the transcribed logics
the weight is pure tin mercury excrement
elements tending to anxiety to desire
to the shattered fragment sprayed by water.

Le forbici sulla tavola

1
Tra le parole la sintesi un costume apprezzabile
scuro siero e drenaggio chiusa dichiarazione
nessuna pestilenza acque azzurre e tranquille
accurate misure stesure impenetrabili
niente di troppo importante.

2
Dalle cose il silenzio l'indifferenza accidiosa
il dente avvelenato la indecisa insistenza
mattoni su mattoni senza le ultime righe
paure fermentate istanze irragionevoli
niente di troppo importante.

3
Per il senso la regola un'intesa segreta
sciropposi antefatti curiose prevenzioni
gomitolo e sostrato sfondo privo di ombre
soprattutto l'assenza l'appagata freddezza
niente di troppo importante.

The Scissors on the Table

1

Between words the synthesis a valuable custom
dark serum and drain closed declaration
no pestilence blue and quiet waters
accurate measurements impenetrable drafts
nothing much important.

2

From things the silence the lazy indifference
the old grudge the irresolute insistence
brick upon brick without the last rows
fermented fears irrational requests
nothing much important.

3

To make sense the rule a secret understanding
syrupy backgrounds odd prejudices
ball of wool and subsoil background without shadow
above all the absence the satisfied coldness
nothing much important.

4

Dietro il gioco la scienza una pura sanzione
la legge conscia il giudizio la vasta riconoscenza
un corpo ancora in vita le incisive ferite
anche i trucchi le ansie le incertezze suadenti
niente di troppo importante.

5

Dai fatti i giuramenti una scena già pronta
stabilito monologo riflesso collegamento
la soluzione migliore l'atto la degradazione
corrotta decomposta scomparsa alternativa
niente di troppo importante.

6

Sotto la carta il fuoco la combustione omicida
occulta derivazione torbida provenienza
forbici sopra la tavola minimi significati
i ponti le case le rocce le clausole di ogni contratto
niente di troppo importante.

4
Behind the game the science a pure sanction
the conscious law the judgment the vast gratitude
a body still alive the penetrating wounds
even the tricks the worries the persuasive uncertainties
nothing much important.

5
From the facts the oaths a scene already set
prearranged monologue reflected connection
the best solution the act the degradation
corrupted decomposed disappeared alternative
nothing much important.

6
Under the paper the fire the homicidal combustion
mysterious derivation murky origin
scissors on the table slightest significance
the bridges the houses the rocks the clauses of each
    contract
nothing much important.

L'astensione dal vuoto

[Il telaio]

a Renzo Paris

L'inferriata ha sempre il colore del ferro
il suo calore la forza manovrata a distanza
le pause le astinenze le rughe nella pelle
la moderazione che è l'intemperanza del niente.

[La moneta]

L'occhio la testa il mento frangiflutti ancorato
premuto accarezzato celebrato dal mantice
compresso nella lamina nella piastra stampata
la forma del disegno il calco la fusione
la dorata evidenza la falsa persuasione
il cerchio la moneta sul tappeto lanoso
corposo stazzonato macchiato dalla ruggine
il profilo il carattere il numero l'apparizione.

The Abstention from the Void

[The Loom]

for Renzo Paris

The grillwork always has the color of iron
its heat the strength maneuvered at a distance
the pauses the abstinences the skin's wrinkles
the moderation that is the excess of nothing.

[The Coin]

The eye the head the breakwater chin anchored
squeezed caressed celebrated by the bellows
compressed in the thin sheet in the engraved plate
the shape of the drawing the rubbing the casting
the gilded evidence the false persuasion
the circle the coin on the wooly carpet
corpulent mishandled stained by rust
the profile the type the number the apparition.

[La vera sapienza]

per Amelia Rosselli

Il mare una congelata espiazione
un inferno deprezzato ed impuro
che la siringa inietta nell'addome
dell'oggetto furibondo e innocente
che la preda usa per placare i cani.

[Le occasioni mancate]

La salvazione è il risparmio o la questua
una santità da sughero travolto dall'eccidio
che le circostanze sviliscono e sconsigliano
al complice muto succhiato dai sogni.

[La cornice nel muro]

a Giuliano Della Casa

La pietra la generosa mitologia
simulazione di spina e di foglia
stagliata sull'abside della torbiera
degli arredi calcarei arenati
sull'alveolo schiacciato dal polso
che recita con la matita.

[True Wisdom]

for Amelia Rosselli

The sea a frozen expiation
a depreciated and impure hell
that the syringe injects in the abdomen
of the raging and innocent object
that the prey uses to quiet the dogs.

[Lost Chances]

Salvation is saving or begging for alms
a sanctity of a cork knocked around by slaughter
which circumstances debase and discourage
for the mute accomplice sucked in by dreams.

[The Frame in the Wall]

for Giuliano Della Casa

The stone the generous mythology
simulation of thorn and leaf
hacked on the apse of a peat bog
of the calcareous vessels stranded
in the canal crushed by the wrist
reciting with a pencil.

[L'imbarazzo della scelta]

a Mario Ramous

Quasi del tutto vero non è falso il motivo
della composizione musicale trascritta in silenzio
tra l'inconsapevole dissidio e la contraddizione
che suona legittima all'orecchio del cieco
perso in meditazioni nella sala dei concerti
e affondato fino alla vita dentro la vita.

[La trappola]

per Liliana e Corrado Costa

Ma questa astuzia non è una indecisione
presa nel centro luminoso della pozzanghera
che riflette lo schema variabile del cielo
nel prisma anfibio della draga parricida
ormai orientata verso una lingua di terra
che ritenta il suicidio l'impiombatura
delle corde già impigliate nella rete
per la cui descrizione vedi sopra.

[The Trouble with Choosing]

for Mario Ramous

Almost all of it true it's not false the motive
of the musical composition transcribed in silence
between the unconscious discord and the contradiction
that sounds legitimate to the ear of the blind
lost in meditation in the concert hall
and stuck all the way up to the waist in life.

[The Trap]

for Liliana and Corrado Costa

But this shrewdness is not indecision
caught in the puddle's shiny center
that reflects the variable scheme of sky
in the amphibious prism of the parricidal dredge
by now turned towards a finger of land
reattempting the suicide the lead seal
of the chords already caught in the net
for the description of which see above.

[L'apparizione]

a William Xerra

La mummificazione è piuttosto recente
riuscita o non riuscita prende il tendine
lo tormenta con l'archetto lo strappa
colorandolo con l'acquerello sull'osso
che è il reperto meno evidente
della mia impersonale genealogia.

[Una specie di didascalia]

Custodita salvata la parte bianca e nera
la pura orchestrazione il luogo delle formule
luminose lunari vibrazioni intaccate
dal già detto già visto già squisito richiamo
aperto rovesciato un senso del rapporto
tra barriera e barriera tra urgenze similari
senza sbocco apparente senza conversazione
udibile inudibile strumento di natura.

[The Apparition]

for William Xerra

The mummification is rather recent
successful or unsuccessful it grips the tendon
tortures it with the bow rips it apart
painting it with watercolors on the bone
that is the least evident exhibit
of my impersonal genealogy.

[A Sort of Caption]

The black and white part preserved and saved
the pure orchestration the place for formulas
luminous lunar vibrations corroded
by the already said already seen already exquisite lure
open upside down a sense of relationship
between barrier and barrier between similar urgencies
without apparent outlet without conversation
audible inaudible instrument of nature.

CONSIDERAZIONI SULLA POESIA NERA

[Considerations on Black Poetry]

(1976-77)

Nero, sporco & privato

[Quiz]

Il tempo è scaduto prima del tempo
che impiega il cane a passare
ma quando è passato sulla parallela
o tacito è piombato sulla tacca
che segna il momento accaduto
un modo di sperperare gli istanti
di spaesare gli ottimi astanti

[In mancanza di memoria]

Nel caso dell'alcol dell'arte della vita
delle congiunzioni che gli salvano la faccia
comprese quelle dell'umido dentista loquace
atrio antifona ma soprattutto anticamera
specialmente destino o culto di piombatura
carriaggi carceri cieche storie aperte
altre metafore che servono a servire

Black, Dirty and Personal

[Quiz]

Time was up before the time
it takes a dog to go by
but when he passed on the parallel bar
or silently landed on the notch
that marks the fallen moment
a way of squandering the instant
of dislocating the best bystanders

[Lack of Memory]

In the case of alcohol of art of life
of the conjunctions that save him face
including those of the wet and loquacious dentist
atrium antiphony but above all waiting room
especially destiny or the cult of soldering
convoys blind prisons open stories
other metaphors that serve to serve

[La commedia dell'arte]

per Jean-Clarence Lambert

L'eruzione il suo lento assorbimento
nel programma della folla sotterranea
che reclama il tradimento organizzato
l'alta congiura metodica appannata
dagli strati controversi del discorso
sullo stimolo irrequieto del volteggio
la malattia incurabile e preziosa
che dà il titolo alla corsa fotografica
del meteorite caduto sul linguaggio
in frammenti di cellulosa stampata
con il metodo antico della saliva

[Enzimi]

L'oggetto in cui la similitudine è errata
lascia tracce sinuose e controverse
e la controversia è simile all'inganno
perpetuato o sconnesso oppure gridacchiato
in ronzio prelevato dal vostro cosmo
dal vostro cuore o anima o testa o tuta
è l'universo che non sa fare tutto da solo

[Commedia dell'arte]

for Jean-Clarence Lambert

The eruption its slow absorption
in the cause of the underground crowd
protesting the organized betrayal
the high methodical conspiracy blurred
by the controversial levels of discourse
on the restless excitement of flip-flopping
the incurable and precious ailment
giving a title to the photographic course
of the meteorite that fell upon language
in pieces of cellulose printed
with the ancient method of saliva

[Enzymes]

The object of which the likeness is mistaken
leaves sinuous and controversial traces
and controversy is similar to deception
perpetuated or disconnected or else screeched
in a buzz culled from your cosmos
from your heart or soul or head or overalls
it's the universe doesn't know how to do it all alone

[*Privato*]

Un esempio di muratura macchiettata
sulla macula insettivora o cesellatura
di pietre rimosse alcune casualmente
sprizzate dentro dalla terra interrata
con ferite sistemi braccia sistemazioni
soglie duplicate che chiudono in tempo
la tomba le tombe l'efferata apertura

[*Autostrada*]

per F. Tiziano

Anche altri hanno sempre cominciato
frenando la caduta con le ali retrattili
nella stratigrafia compiuta e platonica
che spesso non lascia il tempo di leggere
o di rileggere gli azzurri segnali stradali
appena compressi nel mezzo della stazione
con molta moltissima rigida composizione

[Personal]

An example of speckled masonry
on the insectivorous blemish or chiseling
of removed stones a few casually
sprinkled inside with buried earth
with wounds systems arms arrangements
duplicated doorsteps that close in time
the tomb the tombs the ferocious opening

[Interstate]

for F. Tiziano

Even others always began
braking the fall with retractable wings
in the accomplished and platonic stratigraphy
that often leaves no time to read
or reread the azure road signs
slightly compressed in the middle of the gas station
with much a very much rigid composition

[*Rivendicazioni*]

Abbastanza o quasi longitudine commissionata
caratterizzata dibattuta o politicizzata
sul salto relativo alla proprietà di linguaggio
i sentimenti la candela che ne fa l'ingrassaggio
si è posto allora un problema di turpitudine
la parola rettilitudine diventata imbarazzante
luci spente che saranno a dire il vero l'abitudine

[*Domenica domenica*]

La distorsione non è proprio l'affetto
o l'effetto l'aspetto oppure la galleria
e l'isteria o anche la solita isteria
una decisa involuzione in rapporto col tempo
di loro e di altri frequentati dal senso
o da qualche amicizia poi con la gente
comunque dal niente non è così bello
c'è anche accordo fra questo e quello

[Demands]

Enough or nearly the commissioned longitude
characterized debated or politicized
on the jump relative to the property of language
the feelings the candle that causes greasing
a problem of turpitude then posed itself
the word reptilitude become embarrassing
lights turned off which are to say truth habit

[Sunday Sunday]

Distortion is not really affection
or the effect the appearance or the tunnel
and hysteria or even the same hysteria
a decided involution in relation to the time
of those and others visited by sense
or by some friendship then with people
in any case from nothing it's not so beautiful
there's even agreement between this and that

[Un corpo]

Volendo la forma si è lentamente modificata
mancando da casa le mani e gli altri accessori
e la quota perfetta dello zucchero è sciolta
in una serie di novene o di altre tarantelle
che il sole rischiara sulla zampa impacciata
dal vento ma soprattutto dall'alta marea

[Commentario]

Poesia nera nera da entrambe le parti
non mangia con la bocca né con i denti
nemmeno forcipi cancri asma urologia
labbra quasi aperte e quasi dilaniate
l'animale zoomorfo che appare dilatato
o l'insalata sabbia dei pensieri maturi
a poco a poco ma soltanto strisciando
nero sporco privato di presentimenti

[A Body]

Willingly the shape slowly modified itself
missing from home the hands and other accessories
and the perfect amount of sugar is dissolved
in a series of novenas and other tarantellas
that the sun illuminates on the paw hindered
by the wind but above all by the high tide

[Commentary]

Black poetry black on both sides
doesn't eat with its mouth or its teeth
not even forceps cancers asthma urology
lips almost open and almost lacerated
the zoomorphic animal that appears dilated
or salad sand of mature thoughts
little by little but only slithering
black dirty privy of presentiments

Considerazioni sulla poesia nera

Ho un amico che ha il cuore di un bambino, lo tiene
sulla scrivania in un vaso pieno d'alcol
—ALFRED HITCHCOCK

Intercapedine personalmente spaccatura
di alcune malattie sopra o sotto nostalgia
sedia paratattica o perdita di labilità
stabile se presa di profilo o di trafilatura
parenetica ammonitoria simile al guaritore
misurabile o intanto miserabile stato

L'avventura sciamanica che idea della caccia
tagliata via dalla parentesi dal colloquio
la paresi che comincia dal senso del torace
si allontana seguendo la vocazione dell'astro
voce ombrosa rimasticata legno o lenzuola
ossa di morti altri cosi per commemorazione

Queste perorazioni formalmente locutorie
in qualche gioco degne di se stesse determinate
proprietà e simmetrie una funzione dell'onda
biliardiche suzioni un'oasi matematica
l'avviso al caratterista il ferro varie leghe
poniamo che tra questi risultati manchi l'odio

Considerations on Black Poetry

I have a friend who has a child's heart, he keeps it on his
desk in a bottle of alcohol

—ALFRED HITCHCOCK

Wall cavity personally speaking a split
of several sicknesses above or below nostalgia
paratactic chair or loss of unsteadiness
steady if taken in profile or by drawing wire
hortatory admonitory similar to the healer
measurable or meanwhile miserable condition

The shamanistic adventure what an idea of hunting
cut away from the parenthesis from the colloquy
the paresis that begins with the sense of the thorax
draws away following the vocation of a heavenly body
shady voice re-masticated wood or bed sheet
bones of the dead other thingamajigs for commemoration

These perorations formally locutions
in some sort of game worthy of them determined
properties and symmetries a function of the wave
billiard-like suctions a mathematical oasis
a warning to a character actor the iron various alloys
suppose that among these results hate is missing

Il suono articolato la tecnica un'adozione
accetta mezzi termini vergogna ritegno
la buona parola l'orazione il senso l'affitto
in un testo poetico mancanza di aggetto
di risonanza o gola o scisma gutturale

La deplorazione ha ancora molto da dire
da disdire secondo l'amore o la devozione
la sua ricchezza la facilità di linguaggio
da pronunciarsi con il naso astruso e astratto
molto presto velocissimo pigro serenamente
avvolgendosi il sesso ovvero l'articolazione
se è questione di niente o se è questione

The articulated sound the technique the adoption
accepts embellished truth shame restraint
the good word the oration the sense the rent
in a poetic text the lack of projection
of resonance or throat or guttural schism

The lament still has a great deal to say
to unsay according to love or devotion
its richness the facility of language
to pronounce with abstruse or abstract nose
very quickly speedily lazily serenely
sex becoming wrapped up or else articulation
if it's a question of nothing or if it's a question

LA PIEGATURA DEL FOGLIO

[Folding Paper]

(1982)

Attrezzi di lettura

Il mondo del felice è un mondo felice.

—L. WITTGENSTEIN

Dieci norme per l'orrore smerciato
per le sue rispondenze meccaniche
ingegnose all'esterno del corpo
ora inabile perché convertito
Nove sappiamo sono le innocenze
deformi e immateriali in infinito
nel pesce trascinato dalla lenza
nel fiume agitato dalle eliche
dal loro movimento intelligente
Otto sembrano inguaribili errori
sorrisi da attore imbestialito
in uno schema esistente e felice
disturbato da una voce nel porto
ma i nostri rapporti incrinati
si risolvono in un piccolo torto
Sette allora o sei le allegorie
sulla burocrazia della speranza
sulle facce rasate di fresco
industriose nel loro indugiare
telefonate interminabili amare
inutili appelli alla coscienza
Cinque per voluttà di terrore
gusto ingoffito di anima ferita

Reading Equipment

The world of the happy is a happy world.
—L. WITTGENSTEIN

Ten rules for the sold-off horror
for its mechanical correspondences
ingenious on the outside of the body
now disabled because converted
Nine we know are the innocences
deformed and immaterial to the infinite
in the fish dragged by the line
in the river stirred up by propellers
by their intelligent movement
Eight seem incurable errors
smiles of an infuriated actor
in an existing and happy scheme
bothered by a voice in the port
but our shattered relationships
are resolved in a small injustice
Seven then or six the allegories
on the bureaucracy of hope
on the freshly shaven faces
industrious in their delaying
endless phone calls loving
useless appeals to conscience
Five for the pleasure of terror
wounded soul's clumsy taste

e inutile comunque nel pensiero
se quattro è già quasi la formula
della meditazione abbandonata
tre è la musica la serenata
due qualcosa che manca
uno quello a cui manca

and useless anyway in thinking
if four is almost already the formula
of abandoned meditation
three is the music the serenade
two something that's missing
one he for whom it's missing

Antiche e moderne forme di vergogna

1

Similitudine si chiama un cassetto aperto
un parallelepipedo disposto a scivolare
verso quaderni di scuola e maestre
fotografie bagnate di rugiada e saliva
sabbia bruciata con in fondo il mare
grigio foglio di carta stropicciato
dal vento dal sale dal veleno esperto

2

Similitudine è una lontana oscurità
con luci da letto in camere intarsiate
da squame azzurre su pareti ombreggiate
ricordi tropicali bibite zuccherose
scarabei e insetti onnivori ciechi
sul comodino dentro disegni di rose
impersonali sfatte un po' magnetizzate

3

Similitudine è il suo modo di camminare
di scomporre con le dita l'abbigliamento
i capelli le unghie appuntite le palpebre
sono tragedie evidenti di sentimento
con scalpore e calore di gesti appropriati
riflessi nei vetri dei quadri appostati
per cogliere tutti i suoi modi di amare

Ancient and Modern Forms of Shame

1
Simile is called an open drawer
parallelepiped disposed to slip
toward school notebooks and teachers
photographs wet with dew and saliva
burnt sand with the sea at the bottom
gray sheet of paper scrubbed
by wind by salt by expert poison

2
Simile is a far away obscurity
with bedside lights in rooms inlaid
with blue scales on shadowy walls
tropical souvenirs sugary drinks
scarabs and blind omnivorous insects
on the bedside table in impersonal shabby
slightly magnetized drawings of roses

3
Simile is her way of walking
of undoing with her fingers the dress
the hair the pointed nails the eyelids
these are obvious tragedies of feeling
with squabbling and heat of proper gestures
reflected in the glass of paintings spying
to gather up all her ways of loving

4

Similitudine sono poltrone rovesciate
divani disordinati cuscini sul cemento
mistiche diapositive di donne disperate
frantumate dal telaio della finestra
oleosa nel suo aprirsi in una spaccata
su un mondo esterno gelidamente fraterno
come peli di barba miniaturizzati sul mento

5

Similitudine è la macchia rossa sul braccio
il ghirigoro tracciato sul pavimento
la ghirlanda complimentosa e sfasciata
abbandonata al fato e alle intemperie
la polvere ossea passata al setaccio
in un cupo scenario da notte stregata
sono stupide favole non cose serie

6

Similitudine sarebbe l'arma da fuoco
lampo di luce metallica sopra il tappeto
così è la morte si muore per poco
il nulla è già compresso nel feto
la vittima non è stata abbandonata
la sua fine è sovrabbondante di senso
la scienza l'ha ufficialmente chiarita

4
Simile is overturned armchairs
messy sofas cushions on the cement
mystical slides of desperate women
shattered by the canvas of the window
greasy in its opening in one fling
on an outside world coldly fraternal
like facial hairs miniaturized on the chin

5
Simile is the red blotch on the arm
the squiggle traced on the pavement
the obsequious garland coming apart
abandoned to fate and bad weather
the bony powder passed through the sieve
in a gloomy scenario of bewitched nights
these are stupid fables nothing serious

6
Simile would be the firearm
streak of metallic light on the carpet
such is death it doesn't take much to die
nothingness is already compressed in the fetus
the victim has not been abandoned
his end is superabundant with purpose
science has officially clarified it

7
Similitudine sono le nubi infuriate
che ripetono grevi cenni di assenso
recidive nel loro programma acclamato
da cani lamentosi e uggiolanti
semitrasparenti contro il sole al tramonto
sporco d'inchiostro e di burro bruciato
molto coreografico e imbarazzante

8
Similitudine è il suo viaggio inaspettato
provocato da irruente debolezza
per la teoria della valvola di sfogo
dentro vagoni luridi e impestati
da viaggiatori colpiti da incertezza
un modo come un altro di lasciarsi andare
di cadere e cadere senza precipitare

9
Similitudine infine sono gli altri difetti
quelle svenevoli tare moderate
nemmeno più vitali ormai archiviate
nel mostro sonnacchioso descritto nel sogno
suono di dischi che la puntina ha graffiato
sulla pelle del marinaio tatuato
sempre disponibile in caso di bisogno

7
Simile is the furious clouds
that repeat heavy signs of consent
relapsing in their program acclaimed
by doleful and howling dogs
semitransparent against the setting sun
dirty with ink and burnt butter
very choreographic and embarrassing

8
Simile is her unexpected trip
provoked by a rash weakness
for the theory of an escape valve
inside lurid and infected carriages
of travelers stricken with uncertainty
a way like any other to let oneself go
to fall and fall without plunging

9
Simile finally is the other defects
those languishing mild deficiencies
no longer vital by now filed away
in the drowsy monster described in dreams
sound of records the needle has scratched
on the skin of the tattooed sailor
always ready in case of need

Fasi della luna e altrove

per Paolo Valesio

Luminosa argilla appannata
apparsa sul greto del torrente
nel profilo dell'acqua viziata
da un appassionato temporale
ormai addensato nella memoria
di un terriccio ipernutrito
ai bordi di una marcita
per un uomo che calza stivali
in un'aria umida e calda
fradicia e suppurata
gonfia di cicuta e detriti
tra foglie appena cadute
di alberi incanutiti
da una luttuosa radiazione
sparsa sui campi incantati
da quella magia che è la storia
dei pesci e dei ragni drogati
dentro una squisita malaria
che le folaghe hanno nutrito
di zampettio petulante
contro l'uomo che calza stivali
e si muove zavorrato di fango
soggetto di tutti i mali
nella palude invitante
capace di qualche vendetta

Phases of the Moon and Elsewhere

for Paolo Valesio

Luminous frosty clay
appearing on the stream bed
in the outline of water spoiled
by a passionate storm
by now condensed in memory
of an over-nourished loam
at the edges of a meadow
for a man who pulls on boots
in a warm and humid air
rotten and suppurating
swollen with hemlock and flotsam
among newly fallen leaves
of trees turning white
from a mournful radiation
spread over the enchanted fields
by that magic which is history
of fish and drugged spiders
within an exquisite malaria
that the coots have nourished
with impertinent stomping
against the man who pulls on boots
and moves on ballasted by mud
subject to all ills
in the inviting swamp
capable of some revenge

tra le radici affiorate
tutto è adesso immobile
frequentato dai roditori
dalle scimmie curve impacciate
sotto il peso dell'accoppiamento
fatto di mutazioni genetiche
dentro l'uomo che calza stivali
e ascolta sussurrare la gastrite
di pozzanghere tiepide gassose
intrauterine e miasmatiche
semplici segnali dal pianeta

among the emerging roots
all is now still
visited by rodents
by monkeys clumsy curves
under the weight of coupling
made up of genetic mutations
in the man who pulls on boots
and listens to the murmuring gastritis
of lukewarm and gaseous pools
intra-uterine and miasmatic
simple signals from the planet

Partita doppia

1

Una rappresentazione preziosa
di esercizi di mitologia
segmenti di ampia ricostruzione
trasferita sulla mucosa
sul suo lezzo conturbante
di unguento ora funzionale
 a fredda gelida penetrazione
dell'oggetto ridotto a eone

2

Arlecchino e il suo boccascena
 con rumore di calcolatore
lo schiocco di un manrovescio
urgente per mettersi in posa
la guancia cosparsa di rosa
senza permesso dell'inquisizione
scherzo o smorfia da tribunale
 reato da comico malversatore

Double Entry

1

A precious representation
of mythological exercises
segments of ample reconstruction
transferred on the mucous membrane
onto its perturbing stench
of unguents now functional
for cold icy penetration
of the object reduced to an eon

2

Harlequin and his proscenium
with a calculator's noise
the smack of backhand
urgent to strike a pose
the cheek spattered pink
without permission of the inquisition
gag or grimace fine in court
offense fine for a comic embezzler

3
Vissuto troppo e abbastanza
stanco di essere suicida
la stanza che ora lo inscena
lo uccide non gli fa male
il mobilio fornisce la dose
sufficiente al corruttore
per il discorso insinuante
orologio da polso e da danza

4
Partita doppia per il monologo
della testa che apre la bocca
davanti a una faccia senza dolore
neumatica nelle sue storie
infiammate dalla invadenza
neurologica e gregoriana
stabilita per quella distanza
dal poeta ma dall'astrologo

3

Lived too much and sufficiently
tired of being a suicide
the room that now stages him
kills him does him no harm
the furniture furnishes the dosage
sufficient to the corrupter
for the insinuating discussion
a watch for the wrist and the dance

4

Double entry for the monologue
of the head that opens the mouth
in front of a face without pain
neumatic in its stories
inflamed by invasiveness
neurological and Gregorian
established for that distance
by the poet or rather the astrologer

5

Neurali sistemi nervosi centrali
di fanciulle sedotte e sposate
trascinate su un treno ansimante
tanto rumore di tanto rumore
lunghe occhiate sul peso lordo
ora visibile dal finestrino
una volta si chiamava destino
trucco di cervello saltellante

6

Epistole dal vecchio pagliaccio
in un costume da marionetta
il braccio staccato dal braccio
accessorio del perduto teatro
si erano innamorati di se stessi
perduti dal proprio proprietario
un po' volgare un po' cavalleresco
bevibile soltanto con ghiaccio

5
Nervous central neural systems
of seduced and married girls
dragged onto a panting train
lots of noise about lots of noise
long looks at the gross weight
now visible from the window
once it was called destiny
trick of a fluttering brain

6
Epistles from the old clown
in a marionette's costume
the arm detached from the arm
accessory of a lost theater
they were in love with themselves
lost by their very owner
somewhat vulgar somewhat chivalrous
drinkable only with ice

7
Tutte le lontananze sono lontane
le vicinanze molto più vicine
si ripetono le vocali del cane
dotato di paura e intelligenza
aquila per modello di cucina
rigoroso e privo di esperienza
un modo buono di entusiasmarsi
o comunque di non lasciarsi

7
All the distances are distant
the nearnesses a lot nearer
the dog's vowels are repeated
endowed with fear and intelligence
eagle for the kitchen model
rigorous and deprived of experience
a fine way of being enthusiastic
or anyway of not leaving each other

Una poesia d'amore

1
Scrivere una poesia d'amore
è già una poesia d'amore
ma invertebrata ma viva
gettata nell'acqua bollente
asciugamani un po' malmenati
saponetta a forma di cuore

2
Scrivere una poesia d'amore
questa è una poesia d'amore
in camera d'albergo pagata
solita con il solito odore
ma modesta ma lacrimosa
guardona con sguardo da topo

3
Scrivendo una poesia d'amore
sarà una poesia d'amore
aspirina la parola giusta
così da poter scivolare
sotto la doccia dorata
verso il biglietto la busta
le righe un poco macchiate

A Love Poem

1
To write a love poem
is already a love poem
though invertebrate though live
thrown in boiling water
towels a little mistreated
soap in the shape of a heart

2
To write a love poem
this is a love poem
in a free hotel room
the usual with the usual smell
though modest though tearful
voyeur with the glance of a rat

3
Writing a love poem
will be a love poem
aspirin the right word
so as to be able to slip
under the gilded shower
toward the note the envelope
the somewhat stained lines

4
Scrivo una poesia d'amore
so che è una poesia d'amore
con i raggi di sole da fuori
traliccio di luce e sudore
le tue persuasive spiegazioni
ti sei alla fin fine consolata
ti sei con me scusata d'omicidio

5
Scrivo una poesia d'amore
che è già una poesia d'amore
stupida per i significati
stupida per i significanti
le nostre libertà liberate
le gelosie concernenti le date

6
Scrivo una poesia d'amore
pensando a una poesia d'amore
per sterminarci con dignità
su tastiere di quanto calcolato
e scacchiere di quanto dovuto
non ci sono le voci inibite

4
I write a love poem
I know it is a love poem
with the sun's rays outside
trellis of light and sweating
your persuasive explanations
you are at the very end consoled
you asked my forgiveness for murder

5
I write a love poem
that is already a love poem
stupid for its signification
stupid for its significance
our liberties liberated
our jealousies concerning the dates

6
I write a love poem
thinking of a love poem
to destroy ourselves with dignity
on keyboards however much calculated
on chessboards however much owed
there are no shy voices

7
Scrivo una poesia d'amore
che è già una poesia d'amore
miserevoli i rendiconti
farfalle musichevoli stonate
per la doppiezza del languore

8
Ma scrivere una poesia d'amore
è già una poesia d'amore
intanto viene portata via
l'invocazione spazzata via

7
I write a love poem
that is already a love poem
the finances miserable
musical butterflies tone-deaf
for the duplicity of listlessness

8
But to write a love poem
is already a love poem
meanwhile it will be taken away
the invocation swept away

A Parte:
Assolo senza metodo

Nuove tecniche di dolore in temperanza fiamminga
per Alfred Böhm

Forse è stimolante la punta chiusa della lancia
la sua castità accurata e sottilmente sgradevole
ma cedevole ai tagli sulle guance e in fondo al corpo
non ha torto la tastiera la sua forma per musica
in cui la meditazione galleggia sulla separazione
tra le dita organizzate in forze fisiche disattivate
queste forze sono cellule celesti in vaga vagotonia
non mania non stupidità non la troppo ovvia atonia
non le dodici sillabe della parola dodecafonia

Per «Il simposio differante»

Significherebbe unirli su un incastro
senza modificarne la buona angolazione
gli schiocchi di labbra la voce alternata
la corrente interrotta o attaccata
a sentieri dirupi torrenti simulati
zone di paesaggio in alta fonazione
con punti di passaggio e di precisazione
sogni da carpentiere su testi abbandonati
quali sono le foto quali i fotografati

Aside:
Solo Without Method

New Techniques of Pain in Flemish Temperance
for Alfred Böhm

Perhaps the closed point of the spear is stimulating
its accurate and slightly disagreeable chastity
but amenable to cuts on the cheeks and the lower body
the keyboard is not wrong its shape for music
along which meditation floats on the separation
between fingers arranged in physical defused forces
these forces are celestial cells in wandering wanderlust
not mania not stupidity not the all too obvious atony
not the twelve syllables of the word twelve-tone

For "Il simposio differante"

It would mean uniting them on a joint
without modifying the fine angle
the smacking of lips the alternating voice
the current interrupted or attached
to paths cliffs simulated streams
zones of a landscape in high phonation
with points of passage and precision
carpenter's dreams of abandoned texts
which are the photos which the photographed

Tecniche di creazione

a Giovanni D'Agostino

Similmente si comincia anche dall'alto
nel punto in cui la sedia si curva oltre
dove si nota bene la morbidezza infantile
della brezza e dei vecchi venti di mare
il loro solito modo è un modo di gridare
urlare piangere piuttosto perseguitare
altri strumenti tutti sono da suonare
come la goccia l'acqua la placida coscienza
la spalliera intagliata con le flaccide vele
l'etichetta da birra con le solite tre mele
birra rabbia anche un po' di esaltazione
cose venute dal miele con qualcosa di fiele

Versi per Vršac

a Vasko Popa

Ottobre esige elegia e sole freddo
discorsi tra poeti e pareti decorate
libri aperti o chiusi altre evidenze
di poesia polifonica spettro sibillino
sospeso tra bicchieri pieni o vuoti e parole
sogni tipografici della Comune di Vršac

Creation Techniques

to Giovanni D'Agostino

Similarly we begin also from above
at the point where the chair curves beyond
where we clearly notice the childish softness
of the breeze and the old sea winds
their usual way is a way of screaming
yelling crying or rather pursuing
other instruments all of them for playing
like the drop the water the calm conscience
the backrest carved with the limp sails
the beer label with the same three apples
beer anger even a little exaltation
things derived from honey with something galling

Verses for Vršac

to Vasko Popa

October exacts elegy and cold sun
talk among poets and decorated walls
open or shut books other evidences
of polyphonic poetry sibylline specter
suspended between full or empty glasses and words
typographical dreams of the City of Vršac

Senza finestra

L'odore dell'odore è denso e sopportabile
vivace con tono alto e isterico dolce
negli angoli spesso acuto e penetrante
però difficile da riconoscere intatto
imbarazzante nervoso pronto per l'olfatto
per la possibile sua visualizzazione
chiuso l'inferno gli rimane la visione
il disinfettante il fermaglio per le stampe
limoni gialli cipolle carta consumata
la pioggia insistente e affogata
compressa per ora in questi fogli piagati

Z di zeroglifico

a John McBride

L'istante del colore non viene annullato
dal lento processo di manutenzione
del testo frazionato fra i suoi tasti
rovesciati sul centro della scacchiera
dalla mano immobile quasi ingessata
nel guanto bianco di carta incollata
sul vetro nero trasparente e scheggiato
sono i segmenti di un segno intelligente
in cerca di percorso dentro l'altro mosaico

Without a Window

The odor's odor is thick and bearable
lively with a high and sweetly hysterical tone
often sharp and penetrating in the corners
although difficult to recognize entire
embarrassing nervous ready for the olfactory
for its own possible visualization
hell shut down there remains the vision
the disinfectant the clip for the printed matter
yellow lemons onions used up paper
the steady and drowning rain
compressed for now in these wounded sheets

Z for Zeroglyphic

to John McBride

The instant of color is not annulled
by the slow process of maintenance
of the text fractured among its keys
overturned in the middle of the chessboard
by the motionless hand almost in a cast
in the white glove of glued paper
on the black transparent and chipped glass
these are the pieces of an intelligent sign
in search of a way into the other mosaic

Scrittura

a Davide Benati

Per scrittura non s'intende soltanto pittura
è un modo di dire concernente la carta
la sua mirabile inconcepibile inedia
quasi trasparente quasi troppo pressata
con le leggere infiltrazioni che la guastano
corrodendone la pasta da parte a parte
del resto l'inchiostro ne segue le venature
è il colore che rimane attaccato alla mano
che ne rende spesse e sporche le unghie

Cacciatore di mosche

Immonde sarebbero le concezioni del mondo
le macchie arrugginite sulla pelle maculata
la stasi della mano posata sul vecchio pacco
abbandonato da tempo sull'angolo del quadrato
in prospettiva aristotelica non molto distante
dal concetto perfetto di geometria o impertinenza
dell'occhio delle mosche in volo nella stanza
fosforescente intorno alla pista d'atterraggio
immondo è ucciderle senza averne il coraggio

Writing

to Davide Benati

By writing we not only mean painting
it is a way of speaking regarding paper
its admirable inconceivable starvation
almost transparent almost too pressed
with slight infiltrations that ruin it
corroding the paste from part to part
as for the rest the ink follows the grain
it's the color that stays stuck to the hand
that makes the nails thick and dirty.

Fly Hunter

Loathsome would be the notions of the world
the rusty spots on spotted skin
the stillness of the hand poised on an old bundle
abandoned for some time on the square's angle
in Aristotelian perspective not a great distance
from geometry's perfect concept or impertinence
of the flies' eye flying about the room
phosphorescent all around the landing strip
loathsome to be slaying them without a strong grip

Montagne alte e basse

Valli a forma di valle oppure decantazione
del terriccio schiacciato nell'acqua del vaso
colante dalla fessura spaccata fino a terra
fino a lontani orizzonti fuochi boschi bruciati
dal tocco del fiammifero dalla sua verticalità
nel legno che il dizionario ha definito legno
con l'accuratezza del segno visto come segno
inciso su alberi marci corrosi dall'oceano
perché l'oceano funziona va avanti e indietro

Meditazioni, alba

Quanto di sopportabile un po' quasi tutto
pozzi ginestre inferriate soli lumache
gomme per cancellare bottiglie matite
macchina da scrivere leggermente avariata
disegni di una mente vagamente incantata
sogni balbuzie linguaggio da osteria
altro materiale che abbiamo accatastato
per evitare di non essere salvato

High and Low Mountains

Valleys in the shape of a valley or decanting
of crushed earth in the vase's water
dripping from the fissure split all the way down
all the way to far horizons fires forests burnt
by the touch of the match by its verticality
in the wood that the dictionary has defined as wood
with the thoroughness of a sign seen as a sign
engraved on rotten trees corroded by the ocean
because the ocean works goes forward and back

Meditations, Dawn

How much bearable a little almost all
wells broom grill-work suns snails
gum erasers bottles pencils
slightly damaged typewriter
drawings of a vaguely enchanted mind
dreams stammers bar talk
other material we have piled up
to avoid not being saved

Sipario sipario

Convenzioni spesso forse convenzionali
accettabili maschere dita ombre cinesi
più o meno nobili più o meno imbarazzate
unghie peli uncini tagli quasi castrati
sono le idee sempre malinconiche e malate
raccolte denudate nel senso della verità
una scatola adesso nata per andare in là
oppure in accettazione di registi prudenti
spesso convenzionati con gli istanti frequenti
con la pulsazione del meccanismo attivato
dal dolce mostro un po' morto e un po' nato
sui campi dove pesante si muove il bue
mascherato ora da lui e ora da lue

Curtain Curtain

Conventions often perhaps conventional
acceptable masks fingers shadow plays
more or less noble more or less embarrassed
nails hairs hooks cuts almost castrated
the ideas are always sad and sick
collected stripped bare in the sense of truth
a box just now born to head to the booth
or in acceptance of prudent directors
often in agreement with frequent moments
with the pulsing of the mechanism activated
by the sweet monster somewhat dead somewhat elated
in the fields where the bull moves with heavy step
masked now by that chap and now by the clap[5]

---

5 Play on *lui* (pron. "him") and *lue* (n. "syphilis," from Latin *lues* or "plague").

Traduzione di una passeggiata quasi promenade
                                    per Fabio Bonzi

Logica e inattendibile la trave inquadrata
incasellata in una sua porzione di tempo
una presenza violenta di colore e di vento
con venature in rilievo e magiche pose
di panneggi che sono ritratti mimati
sorridenti lascivi leggermente squartati
o disposti con il pennello sull'orizzonte
come segni sul muro della casa di fronte
lei osserva sistemazione e particolari
cammina con lui nella neve si tocca le mani
è impacciata e furiosa vorrebbe gridare
o piuttosto saltare fuggire dal quadro
per passeggiare è meglio la primavera
tra gonfi sacchetti di plastica nera

Translation of a Stroll Almost Promenade

for Fabio Bonzi

Logical and unfounded the framed beam
pigeon-holed in its portion of time
a presence violent with color and wind
with the grain in relief and magical poses
of draperies that are mimed portraits
smiling lascivious slightly dismembered
or disposed with a brush along the horizon
as a sign on the house's wall across the street
she watches arrangements and details
walks with him in the snow touches her hands
she is awkward and angry she'd like to scream
or rather jump run away from the painting
spring is better for taking a stroll
among swollen black plastic bags

Aria per John Cage

Appesa la cetra dove è inchiodato il menu
cosparso di macchie e di annotazioni
sul gesticolare iroso dell'enjambement
sulla sua corda sfilacciata e ipertesa
che è l'enfiazione del batrace o del duetto
la suoneria delle cisterne vocali
oppure la superstizione del volto sbiancato
nel dagherrotipo dadaista sprecato nel jazz
nell'arsenale cinico e luminoso delle musiche
che sono state articolazioni viventi
boline fibre di nylon spartiti muscolari
aria che entra negli alveoli polmonari
riprende il ritmo dalla precedente cornamusa
lo stringe fra le mani sudate lo palpa
danza muschiata o semplice cassa toracica
registrazione fonografica regolabile
appena la cetra è inchiodata dove è appeso il menu
veliero di costumi e costruzioni amagnetiche
tachimetrie velocità degli organi rotanti
lusinghe marine di carene esitanti
quest'ultimo vero verso verrà cancellato
molto naturalmente sarà così utilizzato

An Air for John Cage

The lyre hung where the menu is nailed
spattered with stains and notations
on the angry gesticulating of the enjambment
on its frayed and very taut chord
that is the batrachian swelling or the duet
the ringing of the vocal cisterns
or the superstition of the colorless face
in the dadaist daguerreotype wasted by jazz
in the cynical and shining arsenal of the musics
that have been living articulations
bowlines nylon fibers muscular scores
air that enters in the pulmonary cells
takes up the rhythm of the previous bagpipe
grips it between sweaty hands squeezes it
musky dance or simple thoracic cage
adjustable phonograph recording
soon as the lyre is nailed where the menu is hung
schooner of costumes and antimagnetic constructions
tachometries velocity of rotating organs
maritime delusions of faltering keels
this last true line will be crossed out
very naturally it will be used like this

Elogio della pazzia

L'esempio, per esempio, o l'attacco diseguale
all'esercito immenso l'autoperfezionamento
dell'assassino della detonazione benevola
che sconta la scuola della rivoluzione
per la donna con le mani scollate e ferite
in una chiusa storia di sorda devozione

L'esempio, per esempio, della felice anarchia
l'influsso determinato che sa organizzarsi
dalla sconfitta insomma la decomposizione
indebolita la vittima dall'idea del terrore
per l'uomo con la faccia pesante e tagliuzzata
dentro la scatola gialla di una ossessione

L'esempio, per esempio, o la materia di fede
il soliloquio frugale che intuisce il pericolo
lo sperpero della denuncia con la perquisizione
tra lealtà e dinamite modalità di assenza
per lo speaker dai capelli scialbi e slavati
voce perfettamente incapace di questa presenza

Eulogy of Madness

The example, for example, or the unequal attack
against the immense army the self-improvement
of the assassin of the benevolent detonation
that pays off the revolutionary school
for the woman with unstuck and wounded hands
in a closed history of deaf devotion

The example, for example, of happy anarchy
the determined influence that knows how to organize
out of defeat in other words decomposition
the victim weakened by the idea of terror
for the man with the heavy and shredded face
inside the yellow box of an obsession

The example, for example, or the matter of faith
the frugal soliloquy that guesses the danger
the waste of the accusation with the search
between loyalty and dynamite mode of absence
for the speaker with washed out and faded hair
voice perfectly incapable of this appearance

L'esempio, per esempio, della monomania
tra giochi solitari e giochi ormai preparati
una preghiera notturna per l'intolleranza
nella fuga scomposta dall'idea del ridicolo
insultare è proibire all'interpretazione
lo sfruttamento intensivo della violenza

La corazzata Eisenstein

Non è comico ma legato al fato
con scuderie cavalli da corsa
organismi fatti per camminare
su prati di un verde intensissimo
colto rasato quasi slinguabile
per correre al piccolo trotto
dentro immagini binoculari
non è tragico neppure impazzito
ma scalpita un poco irritabile
un poema scritto per un puledro
i suoi garretti le sue bizzarrie
è un po' noioso come il destino
fotografato all'arrivo un istante
un film si fa se è credibile
il suo protagonista azzoppato
che sbava su un autoritratto
ripescato da paglia ingiallita
lo vedi che adesso galoppa

The example, for example, of monomania
between solitary games and games by now planned
a nocturnal prayer for intolerance
in the escape confused by the idea of the ridiculous
insulting is prohibiting interpretation
the intense exploitation of violence

The Battleship Eisenstein

It is not comic but tied to fate
with stables and race horses
organisms made to travel
over fields of a most intense green
well-kept shaven almost lickable
for racing with the trotters
inside binocular images
it is not tragic or even crazy
but pawing a little touchy
a poem written for a colt
his fetlocks his caprices
it's a little boring like destiny
photographed an instant at the finish
a film is made if it's credible
its main character crippled
drooling over a self-portrait
fished out of yellowed hay
you see him now galloping

sembra si possa allontanare
sembra si diriga verso il mare
comunque è un cavallo sfumato
sullo sfondo di un porto brumoso
un poema inventato per un puledro
per la tendenza a caracollare
ma si tratta di carne macinata
di cibo per i cani e gli affamati
l'armata rossa ne resta incantata

[...]

looking able to get far away
looking as if headed to the sea
anyway it's a horse blurred
against the background of a misty port
a poem invented for a colt
for the tendency to caracole
but we're talking about ground meat
of food for dogs and the starving
the red army remains enchanted

[...]

Notturno in versi sulla poesia

> *La nuit est de plus en plus noire et de plus en plus froide, ce qui est le droit absolu d'une nuit d'hiver.*
>
> —SANANTONIO

Per ogni parola la divisione è unica
ma dissimile da sé e quasi frazionata
scivola via perché unta di grasso
perché immemore e solitaria o deserta
accanto alle unghie curate del sommelier

O nei pressi della piegatura del foglio
che esercita la funzione del tovagliolo
del bavaglio incastonato fra le mandibole

E silenzioso incertamente silenzioso
nelle sue componenti mal distribuite
incerchiate a lenti colpi di tronchese
benché la media sia aritmetica e d'oro
nelle forme di sogno incontemplabili

Sotto penetrazioni acute sibilanti
insopportabili per la saliva e per i quanti
o per le altre presenze rivelate dal testo
nell'homo sapiens e nel suo equipaggiamento
non sempre funzionale o equidistante

Verse Nocturne on Poetry

> *La nuit est de plus noire et de plus en plus froide, ce qui est*
> *le droit absolu d'une nuit d'hiver.*
> —SANANTONIO

For every word the division is unique
and different from itself and almost in pieces
it slips away because oily with fat
because forgetful and solitary or deserted
near the nails done by the sommelier

Or in the vicinity of folding paper
that exercises the function of a napkin
of the gag stuck between mandibles

And silent uncertainly silent
in its badly arranged components
circled in slow stabs of nippers
though the mean be arithmetic and golden
in the shape of unthinkable dreams

Under sharp sibilant penetrations
insupportable for saliva and for quanta
or for other presences revealed by the text
in homo sapiens and in his equipment
not always functional or equidistant

In mezzo alla rotazione all'altra sessualità
dimostrata dal corpo chiuso del libro
nella sua leggenda afferrata dal raffio
in un primo piano inquieto e semovente

Ah ma la poesia non ha bisogno di niente

In the middle of the rotation to the other sexuality
demonstrated by the book's closed body
in its legend caught by the grappling hook
in an edgy and self-propelled close-up

Ah but poetry has need of nothing

Le chiavi dell'appartamento

per Roberto Brocco

1

Possibile andare a sinistra verso le scale
o infilarsi subito a destra nell'ascensore
con i piani segnati da lettere e numeri
percossi a ogni scatto da un tuono lontano
da uno stridio strisciante e inumano

2

Da dentro è possibile contare i gradini
godere la luce delle grandi vetrate
sorridere senza disturbare i bambini
strofinarsi la fronte con la mano
qui sarà ovvio citare le inferriate
le odiose storie delle famiglie impazzite

3

Possibile è anche restare in cortile
o scendere nel pozzo del cavedio
segnando sul taccuino le ipotesi fatte
questa è la retorica del condominio
il suo facilissimo uso in poesia
la sua dissoluzione per inedia
altro conformismo un attacco di bile

The Keys to the Apartment

for Roberto Brocco

1

Possible to turn left toward the stairs
or to slip right away into the elevator
with floors marked by letter and numbers
struck every thud from a distant thunder
from a scraping and inhuman screeching

2

From inside it's possible to count the steps
to enjoy the light from the big windows
to smile without bothering the children
to rub our forehead with our hand
here it's obvious to mention the grillwork
the hateful stories of families gone crazy

3

It's possible too to stay in the courtyard
or go down into the shaft in the entrance hall
jotting down hypotheses on the notepad
this is the rhetoric of the condominium
its very simple use in poetry
its dissolution by starvation
other conformity an attack of rage

4

Dal di fuori è possibile pensare alla cantina
ai suoi misteriosi corridoi centinati
cercando di uscire dal labirinto
i muratori costruiranno le ossa
faranno saltare i cunicoli murati

5

Possibile è quasi tutto impossibile
nella tersa mania dei davanzali
sospesi sul profondissimo vuoto
conciato con odori di ospedale
alcune macchine si mettono in moto
lo strato erboso ha un fremito caldo

6

Da sopra è possibile guardare in basso
dove il cuore indurito non batte
ventricolo destro ventricolo sinistro
serpente inalterabile per l'altro futuro
visitatori si prega di non far chiasso

7

Possibile che sia allegoria della morte
questo sproloquio protervo e imbecille
scritto per un incubo mai realizzato
qualcosa di medievale e umiliante
gli elementi ci sono stati tutti
il mondo è stato riconsiderato

4
From outside it's possible to think of the cellar
of its mysterious arched corridors
looking to get out of the labyrinth
the masons will construct the bones
they will blow up the walled-in passageways

5
Possible it's almost all impossible
in the clear mania of the windowsills
suspended above the deepest void
cured with the smells of hospitals
certain cars are starting up
the grassy layer has a thrilling heat

6
From above it's possible to see below
where the hardened heart doesn't beat
right ventricle left ventricle
unchangeable serpent for the other future
visitors are asked not to make noise

7
Possible that it could be death's allegory
this arrogant and stupid rambling
written for an unrealized nightmare
something medieval and humiliating
the elements have all been there
the world has been reconsidered

L'indagine lignea

per Giuliana Pini

1
Uno è il numero algebrico uno
condizionato dalla sua silhouette
o dal silicato che lo mangia dentro
consapevole con sapienza recidiva
imperniata sulla mandibola di legno
sulla sua ornatura da selvaggio
ormeggiata come un baco da seta
in uno spazio reso bianco dal bianco
che è sostanza abrasiva consueta
quasi mite ma talvolta diabolica
principio di festa nella foresta

2
Due è il numero razionale due
squartato nel cuoio e nella pelle
ma lucido nello strofinamento
delle particole ormai sdentate
ora viscide per lo sdoppiamento
che le colpisce dentro la quercia
nel cuore della sua gravidanza
e il taglio lo vede come incitamento
a un legno gommoso e magnetico
un po' distratto dalla coppia danzante
continua la festa nella foresta

The Woody Search

for Giuliana Pini

1

One is the algebraic number one
conditioned by its silhouette
or the silicate that eats it from within
knowledgeable with relapsed knowledge
hinged on the wooden mandible
upon its ornament of savagery
anchored like a silkworm
in a space rendered white from white
that is habitual abrasive substance
almost mild but sometimes diabolic
the party begins in the forest

2

Two is the rational number two
quartered in leather or in skin
but shiny in the rubbing
of by now toothless particles
now slimy with the splitting
that strikes them inside the oak
at the heart of its pregnancy
and he sees the cut as an incitement
for a gummy and magnetic wood
somewhat distracted by the couple dancing
the party continues in the forest

3
Tre è il numero immaginario tre
appeso con i ganci al suo idioma
o alla riga di un ingenuo orizzonte
scalfito da scalfitture e da lacci
nel giunto elastico del legno
soffiato dalla sua virtù naturale
per oggetti che si trovano in coma
o appena trattati con l'oppio
con l'immagine doppia del doppio
o della sua innaturale falcata
impaginata nella mappa catastale
ragione di festa nella foresta

4
Quattro è il numero naturale quattro
spogliato da una sua incolume istanza
trasparente in un rocchetto sfuocato
o in un rotismo leggero e recitato
reciproco in ritmo appena modulato
su carta arida rafferma alterabile
una forma tagliuzzata e arbitraria
nelle parti specchiate a rovescio
sul riverbero di un fuoco scomposto
che si accende e ravviva nel bosco
nel legno offerto alla gabbia aperta
un mistero di festa nella foresta

3
Three is the imaginary number three
hanging by hooks from its idiom
or the line of an ingenuous horizon
scratched by scratches and by snares
in the elastic joints of the wood
driven by its natural virtues
for objects presently in a coma
or slightly treated with opium
with the double image of the double
or of its natural stride
laid out on a survey map
reason for the party in the forest

4
Four is the natural number four
undressed in an uninjured entreaty
transparent in an out-of-focus reel
in a light and recited gearing
reciprocal in a barely modulated rhythm
on dried-out stale changeable paper
a shredded and arbitrary shape
in backwards-mirrored parts
on the reflection of a fractured fire
lit up and revived in the woods
in wood offered to the open cage
a mystery of parties in the forest

5

Cinque è il numero trascendente cinque
avvolto in una sua serica alternità
o nullità che lo trasforma in moltitudine
di stoffe complici di qualche sterilità
descrittiva se vogliamo funzionalizzata
a un gesso omeopatico di modernismo
in una cantina nera piena di scaffali
sembra gentile l'offesa ingiuriosa
l'alleanza con il legno e il predone
vive di saccheggio stanco di ruberie
il saltimbanco in festa nella foresta

6

Sei è il numero complesso sei
bruciato in un morbido incendio
che ha bisogno di te e di lei
ondeggia su un quieto pianoforte
barcarola con sussulti di morte
stupida come un pulcino azzoppato
forse primogenito per il rasoio
è quello usato per il pezzo di legno
senza confini ma un po' limata
la voce recitante musica e musiche
canta alla festa nella foresta

5

Five is the transcendent number five
wrapped up in one of its silky alternates
or nullities that transform it into a multitude
of fabrics accomplice to some sterility
descriptive if you will functionalized
for a homeopathic gesso of modernism
in a black cellar full of shelves
the hurtful offense seems polite
the alliance with wood and the plunderer
alive with plunder tired of robberies
the tumbler partying in the forest

6

Six is the complex number six
burned in a tender fire
that has need of you and her
it wavers on a quiet piano
barcarolle with dying sighs
stupid as a crippled chick
first-born perhaps for the razor
it's the one used for the piece of wood
limitless though somewhat filed down
the performing voice sings music
and musics at the party in the forest

7

Sette è il numero frazionario sette
squilibrato in un noema da ospedale
o da macelleria per il suo proprietario
matematica di legno per la nomenclatura
per l'equazione nominale nebulosa
con un nucleo siglato da una sigla
o da un timbro meccanico qualsiasi
solitario nel suo schema di vuoto
una lebbra leale verso il cervello
o anche con l'imposizione delle mani
polvere per la festa nella foresta

8

Otto è il numero impari otto
spalmato di pece e impavesato
sporco di materiale pastoso
nel suo bersaglio ricamato
chiusa traiettoria nervosa
intollerante senza qualità
appena rinsavita travolta
dal desiderio spazientito
allarmato da un grido zittito
dell'onanista adesso eccitato
per la minima cosa la rosa
la permanenza nel sacco
o il pesce la pescosità
dentro lo sguardo inibito

7
Seven is the fractional number seven
off-balance in a noema fine for a hospital
or slaughterhouse for its owner
mathematics of wood for nomenclature
for the nominal nebulous equation
with a nucleus initialized by an initial
of by whatever mechanical stamp
solitary in its scheme of the void
a leprosy most loyal to the brain
or even with the laying on of hands
dust for the party in the forest

8
Eight is the uneven number eight
smeared with pitch and decorated
dirty with pasty material
in its embroidered target
shut nervous trajectory
intolerant without quality
barely revived overwhelmed
by out-of-patience desire
alarmed by a hushed cry
of the onanist now aroused
by the slightest pose the rose
the sojourn in the bag
or the fish the fishiness
within the glance inhibited

dal legno della spiritualità
è pochissimo quello che resta
soltanto la festa nella foresta

by the wood of spirituality
there is very little that's left
only the party in the forest

Stazione ferroviaria? Ah!

per Valerio Miroglio

Feroce ferocissimo tenue incatenato
tenaglia faro che il faro ha risvegliato
una sorta di tenaglia con la sua bocca
barba baffi capelli ai lavori forzati
pipistrelli adulti ancora aculeati

dice che sono prigionieri imprigionati
con grande fuoco senza malattia
senza fuoco senza la solita armatura
ma è l'idiota idiozia l'investitura
parla di se stessa come di una furia
parla di se stessa come di una storia
vien fuori da una gabbia è già un uccello
vien fuori da un vagone abbandonato
no non è morto è appena nato o storto

dice che è impossibile è nato morto
non era il suo modo di fuggire o scappare
era il suo modo di farli funzionare
quei piccoli grandi mostri sfrontati
a volte in piedi a volte accovacciati
bastardi quel tanto che gli bastava
perché l'alabastro un poco sbavava
in ali aizzate o alemanniche asce
cose di sangue in dolce alesaggio
ali aperte che sembrano un messaggio

Train Station? Ah!

for Valerio Miroglio

Ferocious most ferocious faint chained
pincers beacon that the beacon has awoken
a sort of pincers with its own mouth
beard moustache hair in forced labor
full-grown bats still aculeate

he says they are prisoners imprisoned
with great fire without sickness
without fire without the usual armor
but it's the idiotic idiocy the investiture
talks about itself as if a fury
talks about itself as if a history
comes out of a cage he's already a bird
comes out of an abandoned railroad car
no he's not dead he's just born or bent

he says it's impossible he's born dead
it wasn't his way of fleeing or escaping
it was his way of making them work
those little big brazen monsters
sometimes standing sometimes crouching
bastards much as was enough for them
because the alabaster was drooling a little
in incited wings or Germanic axes
bloody things in sweet bore
open wings that seem a message

dice che è meglio è lui il saggio
ha visto e capito sta troppo male
intanto qualcuno si mette a tagliare
michelangeli molti pochi cilindri
adesso la rima sarebbe in saltare

he says it's better he is the wise one
he saw and understood he feels too lousy
meanwhile somebody begins to stump
michelangelos many few cylinders
now the rime might be about to jump

La mia prima lavatrice

*Chère imagination, ce qui j'aime surtout en toi c'est que tu
ne pardonnes pas.*

—A. BRETON

1

La mia prima lavatrice ha una gola quasi umana
somigliante da lontano a un ventaglio di sottana
piccole ostriche avvolte nelle vulve innamorate
gentilmente sottilmente forse molto infuriate

2

La mia prima lavatrice ha un istinto sicuro
gesti fatti per caso o per metterla al muro
neve alta nel cortile che fa piovere dal tetto
gocce d'acqua traslucide sparate nel suo petto

3

La mia prima lavatrice ha già avuto un infarto
vergognosi sussulti pensabili un po' in parto
rumori di rotazione liberantisi in fretta
da imberbi calzoni che ne vogliono una fetta

My First Washer

Chère imagination, ce qui j'aime surtout en toi c'est que tu ne pardonnes pas.

—A. BRETON

1

My first washer has an almost human throat
looks from afar like a fluttering petticoat
little oysters involved in loving vulvas
gently subtly perhaps very furious

2

My first washer has good instincts overall
casual gestures or that put her against the wall
deep snow in the courtyard makes rain from the crest
translucent drops of water shot at her chest

3

My first washer has already had a seizure
shameful tremors somewhat conceivable in labor
sounds of rotation liberated in a blur
from callow trousers that want a slice of her

4
La mia prima lavatrice può darsi è già stanca di sé
non si conosce non ne ha voglia nemmeno sa perché
si annoia si annoia si annoia sta per saltar via
luci l'abbagliano le fa qui bene soltanto l'agonia

5
La mia prima lavatrice ha perso o vinto al gioco
di ciò che sta lavando le manca moltissimo o poco
la biancheria fetida sporca l'offende se la fa
chi sa cosa di cosa al resto del resto resterà
ecc.

4
My first washer may be already tired of herself
doesn't know herself nor feel like it nor even know why
she's bored she's bored she's bored she's ready for the shelf
lights blind her only the anguish here makes her high

5
My first washer has lost or won at the game
what she is washing she misses a little or a lot
the dirty stinking underwear offends her on the spot
who knows what of what for the rest of the rest will remain
etc.

Altro per la testa

*La comprensione di qualunque messaggio si basa sul fatto
che alcuni tratti della serie di segni erano già noti prima,
erano già stati identificati.*

—MAX BENSE

Il 50% dell'insensatezza è prevedibile
ovvero bisogna calcolarne il peso
la parola che serve adesso è bilanciata
subito dopo c'è il manuale di servizio

Avendo altro per la testa o la testa
nel 50% sensata o prevedibile
il giocco che serve adesso è gli scacchi
pensano che tutti pensino a duchamp

I duchamp non potevano mancare
l'altro 50% è soltanto intelligenza
la bestia che ci serve non ne è senza
ma subito c'è un poema analfabeta

Comunque adesso ci vuole un oggetto
nel dubbio che la forma corrisponda
in alto un 50% e in basso un 50%
una grande quasi metà dall'altra parte

Other Things In Mind

The understanding of whatever message is based on the
fact that certain parts of the series of signs were already
known, were already identified.

—MAX BENSE

50% of the senselessness is predictable
or else we need to calculate its weight
the word that's now needed is balanced
right after comes the service manual

Having other things in mind or the mind
in the 50% sensible or unpredictable
the game that is now needed is chess
they think everybody thinks of duchamp

The duchamps couldn't be done without
the other 50% is only intelligence
the beast that's needed is not without it
but right away there's an illiterate poem

Anyway now there is need of an object
in doubt that the form corresponds
above a 50% and below a 50%
a big almost half of the other part

Ma la parola metà andrebbe aggiornata
è una frantumazione colloquiale
un angelico istinto animale
nel 50% di percentuale

But the word half ought to be adjourned
it is a colloquial shattering
an angelic animal instinct
in 50% of the percentage

Rosa in Lussemburgo

soprattutto per Gigia e Marcello Angioni

La quintessenza non abbastanza complessa
per analfabeti con la rosa che era erre
erroneamente felice quasi instabile
cervello traccia o bava di lumaca
opaca ifomicetica e irragionevole
scampagnata in campagna e immediatamente
sana e insonne e nel nuoto guardiacaccia
la fioritura complessivamente aperta
esperta di dio e di giardino in poesia
che non disturba e si spazzola la faccia
le braccia i peli le instancabili unghie
in complesso curate non troppo vitali
ciò riguardava le unghie la loro resistenza
l'essenza la presenza la pesante esistenza
non tanto ospedale non tanto rivoluzione
si tengano anche presenti le conseguenze
le insistenze complesse l'odio la verità
la falsità delle favole le loro manchevolezze
con le ombre taglienti oscure disegnate
su un complesso di fideistiche aspettazioni
dalla parte del cuore ancora innamorato
dove c'è invece adesso un grande solfeggio
una scheggia intollerabile di curiosità
ciò riguardava la mente le sue capacità
i complessi sintagmi della virilità

Rosa in Luxembourg

Above all for Gigia and Marcello Angioni

The quintessence not complex enough
for illiterates with the rose that was r
erroneously happy almost unstable
brain trail or snail slime
opaque iphomicetic and unreasonable
country stroll in the country and immediately
healthy and sleepless and game warden in the swim
the flowering completely open
expert in god and garden in poetry
that doesn't bother and brushes his face
the arms the hairs the tireless nails
generally well-manicured not too healthy
meaning the nails their resistance
the essence the presence the heavy existence
not too much hospital not too much revolution
one keeps even the consequences in mind
the complex persistence the hate the truth
the falseness of fables their shortcomings
with the dark sharp sketchy shadows
against a complex of fideistic expectations
on the part of the heart still in love
where there's now instead a great solfeggio
an intolerable splinter of curiosity
meaning the mind its capacities
the complex syntagmas of virility

si sa che ci coinvolge direttamente
tuttavia a un livello non troppo insistente
non troppa gente non troppa fantasia
ma così cotta da esser ceramica

we know that we are directly involved
although at a not too persistent level
not to many people not too much fantasy
but fired in a way as to be ceramic

L'anno scorso segreto
(dodecafonia per calendario)

1. Gennaio, forse

Neve e sale sono sentimenti dilatati
pensieri pensati per pensare con prudenza
a gesti intimi e alieni di un diagramma
che la vita offre appena scompensato
in giochi o enigmi in segni rosicchiati
nella zona sensibile della cute rugosa
del corpo congelato nell'apposito ghiaccio
parlo del suo corpo sbagliato e provocante
neve e sale sono un convincimento insultante
autolesionista insanguinato irritante
ma la pigmentazione è leggera e arrossata
strofinata con dita fredde e unghie corte
sbadatamente colpevoli di un po' di morte
non per questo insincere o incapaci
anzi tenaci anche se troppo meccaniche
troppo umide bagnate oppure rugiadose
nel bianco della neve e del sale accecante
che il tempo nel frattempo può accumulare
intenerito per le vere verità che verranno
in gennaio che è il primo mese dell'anno

Secret Last Year
(A Calendar Twelve-tone)

1. January, maybe

Snow and salt are dilated feelings
thoughts thought to think prudently
with intimate and alien gestures of a diagram
that life offers scarcely unrewarded
in games or enigmas in gnawed signs
in the sensitive zone of the wrinkled dermis
of a body frozen in appropriate ice
I speak of your body wrong and provocative
snow and salt are an insulting persuasion
self-inflicted bloody irritating
but the pigmentation is light and red
rubbed with cold fingers and short nails
carelessly culpable of a little death
not for this insincere or incapable
indeed tenacious even if too mechanical
too humid damp or rather dewy
in the white of snow and blinding salt
that time in the meantime can accumulate
softened by the veritable verities drawing near
in January which is the first month of the year

2. Febbraio, forse

Gli alberi sono stati concepiti nella seta
 della memoria satura di un odio sufficiente
alla sonnolenza della nitida segregazione
qualcosa di poco tagliente e di abbandonato
a immagini sbiadite di foto sovresposte
parlo delle sue foto ottuse ed eloquenti
bandiere consumate di antiche riluttanze
per vanità capricci oscenità di buon gusto
tra gli alberi sospesi in rami articolati
ormai spenti in un incendio soffocato
lattiginoso nella corruzione trasparente
parlo dell'ultima foto quella più decente
quasi demenziale molto più che innocente
scentrata rispetto al suo nucleo visibile
inesplorato ingrato felice inesorabile
intenerito per le vere verità che verranno
in febbraio il secondo mese dell'anno

2. February, maybe

The trees were conceived in the silk
of memory saturated by a hate sufficient
to the sleepiness of lucid seclusion
something not very sharp or abandoned
to faded images of overexposed photos
I speak of your photos obtuse and eloquent
flags of old reluctances worn-out
from vanity fickleness tasteful obscenity
among the suspended trees in articulate branches
by now extinguished in a suffocated fire
milky in its transparent corruption
I speak of that last more decent photo
almost demented much more than innocent
not centered in respect to its visible nucleus
unexplored ungrateful happy inexorable
softened by the veritable verities drawing near
in February the second month of the year

3. Marzo, forse

Acqua e pioggia sono avvenimenti meschini
avvelenamenti sgraziati da tardo pomeriggio
cadono si muovono gemono irrazionalmente
con spiegazioni inspiegabili e falsi scopi
qualcosa di erotico ma tiepido e strangolato
parlo di questo tepore maligno e sfebbrato
in un cinema deserto con poche coppie isolate
nell'acqua e nella pioggia carnose e profumate
da un coperto sentore di erbe e di placenta
la tentazione più vaga sarebbe annusarle
costringerle in rima magari accumularle
per la fame insaziabile che corrode le foglie
il vasto ticchettio che prepara le doglie
del datario di gomma timido e incestuoso
parlo delle date perdute non di quelle mancate
sporgenti dai chiodi fissi del calendario
è la sua dimensione giuridica da bassorilievo
pronta all'accusa ma con un certo sollievo
parlo del sollievo inquietante del rospo
della veemenza aritmetica dei suoi versi brevi
nel prato in parte sommerso dall'acqua
perché sapevamo che era un giorno di pioggia
intenerito per le vere verità che verranno
in marzo che è il terzo mese dell'anno

3. March, maybe

Water and rain are miserable events
clumsy poisonings of late afternoon
they fall they move they moan irrationally
with inexplicable explanations and false purposes
something erotic though lukewarm and strangled
I speak of this malign and febrile warmth
in an empty movie house with a few lone couples
in the water and in the rain fleshly and perfumed
by a cloudy scent of grasses and placenta
the most vague temptation would be to sniff them
force them into rhyme perhaps even accumulate them
for the insatiable hunger that corrodes the leaves
the vast ticking that prepares the misery
of the timid and incestuous rubber datary
I speak of lost dates not of those missing
sticking out from the calendar's fixed nails
it is the juridical dimension of bas-relief
ready to accuse although with a certain comfort
I speak of the toad's disquieting comfort
of the arithmetical vehemence of his brief verse
in the field partly submerged in water
because we knew that it was a rainy day
softened by the veritable verities drawing near
in March which is the third month of the year

4. Aprile, forse

Il sole è fatto di molti misteriosi concetti
risentimenti pusillanimi con fiacca rotazione
dicono non dicono però pretendono attenzione
qualcosa di marcio di un po' slabbrato o di rosa
 un tenue livore applicato alla nostra grettezza
con pennellate leggere stremate dal caldo
parlo del caldo che si corrompe e entusiasma
di questo calore magico e nero che non si salva
innocuamente puerile ai fini dell'organismo
intenerito per le vere verità che verranno
in aprile che è il quarto mese dell'anno

4. April, maybe

The sun is made of many mysterious concepts
cowardly resentments with listless rotation
they say they don't say but they demand attention
something rotten a little enlarged or rosy
a slight lividness applied to our pettiness
with light brush strokes exhausted by the heat
I speak of the heat that spoils and enthuses
of this black and magic heat that doesn't survive
innocuously childish to the organism's purpose
softened by the veritable verities drawing near
in April which is the fourth month of the year

5. Maggio, forse

Andante moderato con un anello di strazio
o di respiro ansante registrato sul nastro
che gira nella macchina posata su un letto
qualcosa di grigio e sconvolto mai pronunciato
nell'urto dei denti con la lingua impastata
parlo del suo linguaggio modesto e indisponente
giacente come un sasso tra il cuscino e la mente
per congiunzione sinapsi o fato travolgente
con sincronica incuria forse troppo leggera
adesso per fortuna molto meglio interpretata
parlo della sua lingua docile e tarata
dalle neutre querimonie cui ci siamo abituati
noi seduti in ginocchio per voglia di possesso
e un esperto conferma non è poi così vile
non è liturgico o sacro non c'è niente di male
è un semplice riflesso intagliato nel vetro
intenerito per le vere verità che verranno
in maggio che è il quinto mese dell'anno

5. May, maybe

Andante moderato with a ring of anguish
or of heavy breathing recorded on the reel
turning in the machine resting on the bed
something gray and disturbed never pronounced
in the clash of teeth with the pasty tongue
I speak of your modest and annoying language
lying like a stone between the pillow and the mind
for a synaptic conjunction or overwhelming fate
with synchronic indifference maybe too slight
fortunately now much better interpreted
I speak of your tongue docile and tainted
by the neuter quarrels to which we are accustomed
us sitting on our heels from the need to possess
and an expert confirms that it is not then so vile
it's not liturgical or sacred there is nothing wrong
it is a simple reflex etched in glass
softened by the veritable verities drawing near
in May which is the fifth month of the year

6. Giugno, forse

È la logica cupa e rara dell'inerzia
delle fibre legnose spettrali fra i capelli
incisi nella polvere della carta larvale
con grazia conciliante appena vegetale
in parte riconoscibile alla base del collo
tra una peluria morbida e un po' villosa
parlo di un'altra nuca quella seducente
dove l'inferno si agita con luce indifferente
sottratta ai colori della stagione precedente
è un maldestro segreto legato al suo volto
al volume asimmetrico della sua testa
innestata per scherzo su un tronco esaltato
intenerito per le vere verità che verranno
in giugno che è il sesto mese dell'anno

6. June, maybe

It is the sullen and rare logic of inertia
of the woody spectral fibers in the hair
engraved in the dust of larval paper
with barely vegetal conciliatory grace
in part recognizable at the base of the neck
in a damp and slightly shaggy down
I speak of that other seductive nape
where hell stirs with an indifferent light
subtracted from the colors of the previous season
it is an awkward secret tied to her face
to the asymmetric volume of her head
grafted as a joke on an exalted trunk
softened by the veritable verities drawing near
in June which is the sixth month of the year

7. Luglio, forse

Spesso la sabbia è carnivora e affamata
con movenze un po' impure e un po' stanche
parlo del suo tocco losco e imbarazzante
degli orologi di tutta questa chincaglieria
sfruttate imitazioni stilizzate nel fango
lo spazio non ha fretta è già in agonia
assorto in un lento sentiero inconcludente
qualcosa di fragile remoto onnipotente
inafferrabile come un ignoto esperimento
incastonato con cura dentro l'occhio
intenerito per le vere verità che verranno
in luglio il settimo mese dell'anno

7. July, maybe

Often the sand is carnivorous and hungry
with somewhat impure somewhat tired movements
I speak of your suspect and embarrassing touch
of the clocks of all those knickknacks
exhausted imitations stylized in mud
the space has no urgency is already in agony
engrossed in a slow inconclusive path
something fragile remote omnipotent
illusive as an obscure experiment
mounted carefully within the eye
softened by the veritable verities drawing near
in July the seventh month of the year

8. Agosto, forse

L'esitazione è esibita con scaltro languore
è un acquerello infantile teso fra pelle e pelle
come un insetto prezioso distratto con competenza
da sforzi lunghi e vibrati di elitre e antenne
qualcosa di fatto a spirale sorpreso in ronzio
in chimica incendio permutazione o chirurgia
parlo del rettile alato drogato sotto la paglia
con i suo parassiti annidati nelle zampe squamate
però sono storie di draghi storie antiquate
di questa guerra latente commossa in violino
intenerita per le vere verità che verranno
in agosto l'ottavo mese dell'anno

8. August, maybe

The hesitation is exhibited with shrewd languor
it's a childish watercolor stretched between skin and skin
like a precious insect expertly distracted
by long and vigorous effort of the elytra and antennae
something spiral in fact surprised in buzzing
in chemistry fire permutations or surgery
I speak of the winged reptile drugged under the hay
with parasites nesting in his scaly paws
but then these are dragon stories antiquated tales
of this latent war stirred up by violins
softened by the veritable verities drawing near
in August the eighth month of the year

9. Settembre, forse

Il teatro si chiude al tramonto nell'autopsia
è un terriccio cosparso di scaglie di limatura
radiazioni cromatiche di un'oratoria eccessiva
qualcosa di magnetico e fulvo sopra l'intonaco
esalazione fumosa stagnante e combustibile
come un odore di sottobosco un po' marcescibile
così aromatico e greve così gradevole al fiuto
dell'animale insediato nella propria goffaggine
parlo dell'animale che ride con un po' di malore
delle sue uova avvolte in un sudario di lino
sono cellule immerse in un vino scontroso
intenerito per le vere verità che verranno
in settembre il nono mese dell'anno

9. September, maybe

The theater closes at sunset in the autopsy
it is a soil sprinkled with filing chips
chromatic radiations of an excessive oratory
something magnetic and tawny above the plaster
steamy stagnant and combustible exhaling
somewhat rotten like the scent of undergrowth
so aromatic and heavy so pleasing to the smell
of the animal settled in its very clumsiness
I speak of the animal that laughs a little wickedly
of its eggs wrapped in a linen shroud
they are cells immersed in a cantankerous wine
softened by the veritable verities drawing near
in September the ninth month of the year

10. Ottobre, forse

Uva e mele saranno decorate su un piatto
o sul ventre di un vaso ansato e panciuto
con altri frutti caduti da una ciotola
scorciata in una scienza di linee acuminate
c'è una lama sporgente da un manico d'osso
pulito da una pomice traspirante e porosa
visibile a sinistra nell'angolo più buio
a destra fiori con recipiente di cristallo
qualcosa di vitreo profetico e crudele
per uva e mele in genesi olografica
parlo di un trattenuto frenato sdoppiamento
è un piccolo sfregio praticato sul mento
un perdono da farsa un po' criminale
un pegno ricavato da una conferma fetale
del piccolo sfregio battezzato e nuziale
intenerito per le vere verità che verranno
in ottobre il decimo mese dell'anno

10. October, maybe

Grapes and apples will be decorated on a dish
or on the belly of a paunchy vase with handles
with other fruit fallen out of the bowl
shortened into a science of pointed lines
there's a blade sticking out of a bone handle
polished by porous and transparent pumice
visible on the left in the darkest corner
on the right flowers in crystal holders
something vitreous prophetic and cruel
for grapes and apples in a holographic genesis
I speak of a restrained bridled splitting
it is a small cut carried out on the chin
a somewhat criminal farcical forgiveness
a pledge extracted from a fetal confirmation
of the small baptized and nuptial cut
softened by the veritable verities drawing near
in October the tenth month of the year

11. Novembre, forse

Maioliche sono bufere di scogli e di mare
nuvole flagellate da sferzanti tormenti
un timido ascesso di nebbia da testamento
qualcosa di sensitivo astuto ed astrale
strategico come le vele di un bastimento
tra rigurgiti e lampi di un sogno vorticoso
parlo del suo sogno schematico e odioso
un'infezione cantata con un timbro sugoso
membrane di citofoni in case abbandonate
maioliche nefaste di un ospite internato
parlo di un ospite ozioso e tramortito
da un suo tic ripetuto con un ritmo svanito
tra scogli sgretolati da un mare minaccioso
melodramma imbecille per mimica da sposo
sono ingerenze accolte da lei nel suo io
intenerito per le vere verità che verranno
in novembre undicesimo mese dell'anno

11. November, maybe

Majolica are squalls of reefs and sea
clouds flagellated by lashing torments
a timid abscess of testimonial fog
something sensitive astute and astral
strategic as the sails of a sailing ship
between backwashes and a whirling dream's lightning
I speak of your schematic and hateful sleep
an infection sung with syrupy timbre
membranes of intercoms in abandoned houses
unlucky majolica of a locked-up guest
I speak of a guest idle and stunned
by his own tic repeated in a swooning rhythm
among pounding reefs of a threatening sea
stupid melodrama of a spouse's mimicry
meddling welcomed in her own self
softened by the veritable verities drawing near
in November the eleventh month of the year

12. Dicembre, forse

Quasi parabole quasi illusorie o vantaggiose
per streghe e trofei per dettagli anatomici
o anche per scuse scusabili solo d'inverno
qualcosa che sa di sacerdozio o sacerdote
parlo della sacerdotessa che si è derubata
nella sua maschera di cittadina tranquilla
in una campagna cosparsa di argini e ville
con vesti travestite e divieti impudenti
all'improvviso tardi per i risentimenti
tardi per renderla stupida e compromessa
le sensazioni dirigono la prima scommessa
parlo di una sensibilità non più ritrasmessa
lasciata a decisioni brusche o avventate
delle sue gambe energiche e attanagliate
qualcosa di rapido come una coltellata
però spalmata sul ventre di un uomo disteso
disinformato nudo coinvolto ormai arreso
alla frase fredda impulsiva che lo picchia
sono danni patetici addossati a un poeta
intenerito per le vere verità che verranno
in dicembre l'ultimo mese dell'anno

12. December, maybe

Almost parabolas almost illusory or advantageous
for witches and trophies for anatomical details
or even for excuses excusable only in winter
something that smells of priesthood or priests
I speak of the priestess who robbed herself
in her mask of the peaceful citizen
in a countryside sprinkled with levees and villains
with crossed-dressed dresses and shameless prohibitions
all of a sudden late for resentments
late for rendering her stupid or compromised
the excitement forces the first wager
I speak of a sensibility no longer transmitted
left to sudden or hasty decisions
of her energetic or pincer-like legs
something quick like the stab of a knife
although smeared on the belly of a stretched-out man
uninformed nude implicated by now surrendered
to the cold impulsive sentence battering him
these the pathetic injuries heaped on a poet
softened by the veritable verities drawing near
in December the last month of the year

Lontana lontanissimo

1

In chiave di violino di delfino
questo parlare sott'acqua in duello
tra dolcezze di suoni ammaliati
per gole succhiate dall'aria
guarda questo verde com'è bello
alghe cresciute sul bambino
quando eravamo ammalati
di un'insonnia bassa e pervicace
persuasiva per noi competenti
di sete e disidratazione

2

Disimpegnati da rullo di tamburo
ascoltiamo verbi di liberazione
per orecchie di ferro battuto
sfiorate da pesci che nuotano
macchie di orifiamma ormeggiato
nella vasca incassata tra i muri
quando non c'eravamo ammalati
su questa spiaggia ibernata
da pescatori insofferenti
di qualsiasi maledizione

Far Far Away

1
In treble in dolphin clef
this underwater talk in a duel
among the sweetness of enchanted sounds
through throats sucked by the air
see this green how beautiful
mosses grown on the child
when we were unwell
with a low and stubborn insomnia
persuasive for us specialists
in thirst and dehydration

2
Disengaged from the drum roll
we listen to verbs of liberation
for ears of wrought iron
caressed by swimming fish
oriflamme stains moored
in the tank fitted in the wall
when we were not unwell
on this beach hibernated
by fishermen tolerant
of whatever curse

3

Grazie abbastanza spiacevoli
decorazioni di vasi conchiglie
segni affioranti dal limo
elettrico alimentato dal fuoco
trasmesso dalla foce per conduzione
mediante le figure prescritte
quando eravamo ammalati
soprattutto della sua inibizione
per madri padri figli e figlie
in quella cucina diretta da un cuoco
tra rosmarino maggiorana timo
nell'albergo frequentato da vati

4

Lineamenti del viso del corpo umano
convenzioni della sagoma illimitata
la distribuzione è già stata attuata
dei misteriosi pezzi dell'animale
tatuati di secchi fiori rinati
eleganti nella loro conservazione
legni per un'orchestra a fiato
vini privi di razza o morbidezza
filacce avvolte a spirale
nelle marionette ataviche ancestrali
quando eravamo di nuovo ammalati
di ancore laide per i polmoni
o fiato per imbarcazione alleggerita

3
Graces disagreeable enough
decorations of vases and seashells
signs flowering from slime
electric fed on fire
transmitted from river mouth by conduction
by means of prescribed figures
when we were unwell
above all with his inhibition
for mothers fathers sons and daughters
in that kitchen managed by a cook
among rosemary marjoram thyme
in the hotel frequented by seers

4
Lineaments of the human body's face
conventions of the limitless features
distribution is already underway
of mysterious pieces of the animal
tattooed with dry reborn flowers
elegant in their conservation
woodwinds for a wind orchestra
wines lacking breeding or body
strings winding in spirals
upon atavistic ancestral marionettes
when we were once again unwell
with filthy anchors for the lungs
or breath for a lighter embarkation

5
Utensili da cucina immersi nel sole
luce dalle aperture prestabilite
sugli angoli imbottiti del mondo
frequentato dai vecchi amici
l'infermiera con polpa e siringa
il suo stare nell'abbigliamento
quando non eravamo ammalati
di una malattia a tutto tondo

5

Kitchen utensils immersed in the sun
light from the prearranged openings
onto the world's stuffed corners
visited by long-time friends
the nurse with lean meat and syringe
her remaining in uniform
when we were not unwell
with an all encompassing illness

LA DEFINIZIONE DEL PREZZO

[The Definition of the Price]

(1992)

Molto poesia

Per Luciano Anceschi

Straparlare è difficile ma comodo e difficile
l'arte è cubista costruttivista o dada
futurista surrealista immaginosa o folle
ci sono suprematismi e rivoluzioni datate
ma la grafica della mente non è cambiata
mutata snaturata forse numerata per ioni
è un dizionario un abbecedario un fragore
qualcosa di vecchio quanto il mondo sensato
la sua storia di linguaggi di linguaggi sensati
questi sono accomodamenti grosse semplificazioni
sono tradizioni costumi manie superstizioni
la vecchia parola della poesia cominciò domani
con sentimenti pensieri desideri inclinazioni
la stiamo scrivendo descrivendo decrittando
la scrittura ha bisogno di una mano contando
di una voce messa in mezzo all'albero delle voci
immagine di un maestro o immagine di un maestro
la sua lontananza la sua vicinanza o cordialità.

Much Poetry

for Luciano Anceschi

Babbling on is difficult comfortable and difficult
art is cubist constructivist or dada
futurist surrealist fanciful or foolish
there are suprematisms and dated revolutions
but the graphics of the mind hasn't changed
mutated denatured perhaps numbered by ions
it's a dictionary an abecedarium a ruckus
something as old as the sensible world
its history of languages of sensible languages
these are accommodations gross simplifications
they're traditions customs manias superstitions
the old word of poetry begun tomorrow
with feelings thoughts desires inclinations
we are scribbling describing deciphering it
writing has need of a hand to keep track
of a voice in the midst of the tree of voices
image of a master or image of a master
his distance his nearness or kindness.

Animagia

1

Animale fortunato ritagliato
in strisce sottilissime esangui
con gocce di sangue avanzato
di traverso su una pelle zebrata
su luci accese ora spente
dalla mano nervosa sul telefono
bianche numerazioni più lente
nello zoccolo del labbro spaccato
dall'allibratore della scommessa
su questo cavallo innamorato.

2

Animale resta voluminoso in scrittura
venditore di bestie feroci e di cavie
probabilmente memori o immemori
tenute lontano dalla loro dignità
ma sono strutture di grande facilità
trasferite dalla creta alla creta
dalla plastica rossa alla figurazione
barbaglio epidermico di evocazione
o più freddamente di grande golosità.

Animagia

for Tommaso Cascella

1

Lucky animal cut out
in very thin bloodless strips
with drops of leftover blood
sideways on a striped skin
on turned-on lights now turned off
by the nervous hand on the telephone
white slower numbering
in the hoof of the lip broken
by the bookmaker of the bet
on this horse in love.

2

Animal remains voluminous in writing
seller of ferocious beasts and guinea pigs
probably mindful or unmindful
kept far away from their dignity
these are structures of great facility
transferred from chalk to chalk
from red plastic to figuration
epidermic dazzle of evocation
or more harshly of great gluttony.

3

Animale reciso imbestialito
deciso come un fiore in calore
tenuto lontano dalle compagne
ruggono si struggono in campagna
il conto dei mesi si allontana
nel fungo della peluria più folta
piccola escrescenza che l'accompagna
cervello piantato nel cuore
nelle flatulenze e in questo odore.

4

Animale buia caverna dipinta
dentifricio per carie e madri
solitarie con unghie e lingua
le zampe sono state respinte
finalmente sono per lui indipendenti
minime si dice aguzze terribili
molte ferite provocate dai denti
in estate in un cielo da aprire
con un gatto che ronfa un trattore.

5

Animale dorato messo all'asta e venduto
impagliato sospeso nella carta pressata
segnata da scorribande e galoppo
con la sua tecnica di taglio e piegatura
come merletto sulla sabbia calpestata

3

Enraged resolute animal
decisive as a flower in heat
kept far from his lady friends
wailing they waste away in the country
the number of months grows further off
in the mushroom of the thickest down
small accompanying excrescence
brain planted in the heart
in the flatulence and this smell.

4

Animal dark painted cave
toothpaste for cavities and lonely
mothers with nails and tongue
the paws have been repelled
finally for him they are independent
minimal we say sharp terrible
many wounds caused by teeth
in summer in a sky to open
with a cat purring a tractor.

5

Gilded animal put on auction and sold
packed in straw suspended in cardboard
marked by raids and galloping
with its technique of cut and fold
like lace on the trampled sand

bagnata da orme astratte purificate
dal mare simultaneo alla pianura
piena di pesci dall'occhio rivoltato
mentre la cerniera si apre sull'innocenza
dei materiali sparsi quasi infantili.

6
Animale quanto gli è passato in mente
o l'ha attraversato come una freccia
colpo secco inatteso netto improvviso
sfiorato dal sorriso sul suo viso
con le iniziali d'oro sul pugnale
monogramma sullo stomaco assopito
maschera da cane con la coda fremente
segnale smarrito delle sue impertinenze.

7
Animale cresta becco speroni
birra leggera bevuta a mezzogiorno
turisti che frastornano il ritorno
dal dolce viaggio che li ha inzuccherati
nel profondo cortile pronto per la notte
un piccolo albergo adatto alle chiocce
che covano uova e preparano pulcini
dietro l'orto il deserto è cominciato
e l'autobus lo guarda impantanato
con fari sottili come bikini.

wet by abstract footprints purified
by the sea simultaneous with the plain
full of fish by the eye turned inside out
as the zipper opens on the innocence
of scattered almost infantile materials.

6
Animal how much passed through its mind
or has crossed it like an arrow
clean sharp unexpected sudden blow
grazed by the smile on his face
with gold initials on the dagger
monogram on the drowsy stomach
dog mask with quivering tail
vanished signal of his impertinence.

7
Animal crest beak spurs
light beer drunk at noon
tourists that ruffle the return
from the sweet trip that sweetened them
in the deep courtyard ready for the night
a little hotel perfect for the hens
that hatch eggs and ready the chicks
behind the garden the desert has begun
and the bus looks at it bogged down
with headlights thin as bikinis.

Due volte per strumento solista

A ogni modo, secondo consuetudine, s'intende che un verso possiede tanti piedi o misure quanti sono i gruppi sillabici contenenti l'elemento ripetuto.
—MARIO RAMOUS, *La metrica*, Garzanti, 1984

Il granchio le chele cenobitiche o strizzate
bandiere sventolate da singhiozzi e da putti
borborigmi strozzati sulla spiaggia di notte
fiorita nei suoi intrighi di luna tagliente

Luna imbottita di nuvole nuvola rischiarata
forse dal mare nel cubicolare crostaceo
luna medusa cubista considerata chitarra
illusione prescelta e gioco di chirurgia

Chirurgia sabbia che la conserva per sempre
nel vento nella sua invaghita inconsistenza
sugli avanzi barocchi che vanno in trasfusione
nell'organismo del granchio che li percepisce

Granchio è un prodotto da sacco di iuta
è il nome scritto su un cargo ingavonato
nel carapace non registra l'affondamento
l'SOS i marinai le scialuppe sbandate

Twice For Solo Instruments

In any case, according to custom, we mean that a line has as many feet or measures as the syllabic groups containing the repeated element.
          —MARIO RAMOUS, *La metrica*, Garzanti, 1984

The crab the claws coenobitical or squeezed tight
flags unfurled by sobbing and by cherubs
strangled gut rumblings on the beach at night
blossoming in its intrigues of a sharp moon

Moon stuffed with clouds cloud brightening
perhaps by the sea in the cubiform crustacean
jelly-fish cubist moon considered guitar
selected illusion and game of surgery

Surgery sand that preserves it forever
in the wind in its fond inconsistency
on the baroque remains that go in transfusion
into the organism of the crab perceiving them

Crab is a product of a burlap bag
is the name written on a listing cargo
in the carapace the sinking doesn't register
the SOS the sailors the scattered lifeboats

La scialuppa ha la mente ingombra di luce
di orari astrali fantascienza e sinfonia
tutto predisposto dal satellite delle manìe
dall'astuccio policromo con un po' di cianuro

Cianuro sarebbe sarà gran veleno festivo
sarebbe sarà sarà stato computer inattivo
temporale di scariche mostro assonnato
incattivito e contento nel suo io ripetuto

L'io ha un gruppo sillabico spostato di lato
un lungo lampeggiare mansueto e taciuto
solitudine del cielo che tende a annacquarsi
o abbracciato al tristissimo granchio annegarsi

The lifeboat has a mind hampered by light
by stellar time science fiction and symphony
all prearranged by the satellite of manias
by the polychrome box with a little cyanide

Cyanide would be will be grand festive poison
would be will be will have been inactive computer
storm of discharges drowsy monster
gone bad and happy in his repeated I

The I has a syllabic group moved to the side
a long meek and quiet flashing
solitude of sky that tends to soften
or embracing the very sad crab to drown

Il cerchio quadrato di Arp

La parola Arp è rotonda come un cubo
con la pioggia diventa distratta esagonale
piramidale come un acquazzone acrobatico
acuto nelle punte solide metafisiche
sparso sulla pianura disegnata in cielo
dove le stelle formano sistemi stellari
apocalittici nei grandi urti angolari
della parola Arp nevicata su vetro
cristallo di cruciverba riverbero scandaglio
tra nuvole nuvole con la ginnastica
del perimetro che si scaglia contro la forma
la circonda la incanta la fa sospirare
nel vento circolare che specchia il deserto
la distesa infinita di sabbia la parola Arp
cubica come un cilindro sospeso nello spazio
satellite compresso con rotta parallela
abitacolo intessuto di rete per farfalle
tutto vola via e si sbraccia felicemente
come nella carta ritagliata per fare il girotondo
accanto ai sorridenti pupazzi che purgano il mondo
ma la parola Arp al sole diventa impaziente
ha bisogno dell'ombra delle sue zone nere
è ovvio che la parola Arp diventa scacchiera
scacchiera nera nera scacchiera...

Arp's Square Circle

The word Arp is as round as a cube
with rain becomes distracted hexagonal
pyramidal as an acrobatic cloud-burst
keen in the solid metaphysical points
sparse on the plain designed in the heavens
where the stars form stellar systems
apocalyptic in great angular collisions
of the word Arp snowed on crystal
glass of crossword reflection sounding
among clouds clouds with perimeter
gymnastics that hurls itself at the form
surrounding it enchanting it making it sigh
in the circular wind that mirrors the desert
the infinite stretch of sand the word Arp
cubical as a cylinder hanging in space
satellite compressed with parallel course
cockpit fitted with butterfly netting
everything flies away and waves happily
as in paper cut to make a ring-around-the-rosey
next to the grinning puppets that purge the world
but the word Arp becomes impatient in the sun
it needs the shade from its black zones
it's obvious the word Arp becomes chessboard
black chessboard chessboard black …

Gli assassini innamorati

... sono sei con Adriano Spatola
che mai non ebbe un solo buon mestiere
se non di stampare le canzoni
dei suoi amici anche i più sfiatati

—NANNI BALESTRINI

Tirato su dall'acqua per le gambe
ricomposte a compasso sul tappeto
bagnato con limacciosa umidità
attraverso le finestre e le porte
socchiuse per la sua felicità
di pesce boccheggiante intelligente
lo sguardo vitreo è solo una finzione
una funzione della macchina da scrivere
tra libri accatastati lungo il corridoio
per la corrispondenza devastata
dal calore fisiologico del buio
che è anche un sistema di ridere
o ghignare nella faccia emulsionata
splendida di liquida trasparenza
con una corrucciata inconsistenza
di corda scivolosa e sfuggente
attorcigliata intorno alle caviglie
del medico legale gonfio di animazione
che fischia e canta con voce stonata
qui si riprende il tema dell'esecuzione

Assassins In Love

> *... and the sixth is Adriano Spatola*
> *who never had a real job*
> *except to print the songs*
> *of his friends even the most tone-deaf*
>
> —NANNI BALESTRINI

Pulled out of the water by the legs
recomposed like a compass on a rug
soaked with a slimy humidity
through the windows and doors
left ajar for his happiness
of a gasping intelligent fish
the glassy look is just fiction
a function of the typewriter
among books heaped along the hallway
for a correspondence devastated
by the physiological heat of the dark
that is also a system of laughing
or sneering in the emulsified face
splendid with liquid transparency
with an enraged inconsistency
of a slippery and illusive chord
tangled around the ankles
of the coroner swelling with activity
who whistles and sings out of tune
here we resume the theme of execution

l'analisi del fato e delle circostanze
per l'annegato che erutta spiegazioni
di fronte agli assassini innamorati
attento a nulla tralasciare
di quello che ancora gli dovrà capitare.

the analysis of fate and circumstance
for the drowned man who erupts explanations
in front of the assassins in love
his alertness to neglecting nothing
of that which is yet to happen to him.

Segno venduto

per Maurizio Osti

Compositore già pronto
nell'energia stilizzata
melodiosa di impronte
apparecchio automatico
lo strumento dinamico
l'incisione infuriata
biografia perforata
dal cervello bloccato
nell'impulso incollato
dei due dadi avvitati
incandescenti concreti
giganteschi oscillanti
sulla carta impregnata
di ghiaccio e di fiori
miniature e rumori
di colori e di echi
composizione spezzata
rifinita e filtrata
nel ricordo del panico
della scala cromatica
impastata di cellule
pesanti combinazioni
tra le leggi del caso
compositore già pronto
tra le sue produzioni.

Sold Sign

for Maurizio Osti

Composer all ready
in the stylized energy
melodious with fingertips
automatic apparatus
the dynamic instrument
the furious etching
perforated biography
from a blocked mind
in the glued impulse
of the two spun dice
incandescent concrete
gigantic oscillating
on paper impregnated
with ice and flowers
miniatures and whirs
of colors and echoes
shattered composition
finished off and filtered
in the remembered panic
of the chromatic scale
pasty with cells
weighty combinations
among the laws of chance
composer all ready
among its productions.

Mancata identificazione

C'è un punto una formula ripetuta
bruciata ai piedi con le mani scritte
data per scomparsa dalla stampa
la notizia è la stessa un inventario
un argomento adatto a un diario
alle chiavi usate da un uomo in tuta
estratto legato con i suoi elenchi
senza criterio senza obiezioni evidenti
scarse citazioni appena trapelate
false strade mancati appuntamenti
c'è una riga una versione adattata
errati particolari cassetti sfasciati
considerati perduti dagli esperti
volti pieni di terra e di sospetto
marcati dagli occhiali e dalla pece
sono sopiti è bestiame che tace
per la trasmigrazione che se ne deduce
sotto un cielo scarsamente conosciuto
l'ucciso appariva un dilettante
oscure le sue origini e i suoi scopi.

Missing Identification

There is a point a repeated formula
burned at the feet with written hands
given up for missing by the press
the news is the same an inventory
a subject suited to a diary
to keys used by a man in overalls
extracted handcuffed by his lists
without criterion without obvious objections
few citations barely leaked
false roads missed appointments
there is a line an adapted version
mistaken details drawers torn apart
considered lost by the experts
faces full of soil and suspicion
marked by eyeglasses and by pitch
they're drowsy it's livestock keeping quiet
for the transmigration deduced from it
under a sky scarcely known
the murdered man appeared a dilettante
his origins and motives obscure.

Il verso è tutto

Io contorco la distica strofe su 'l candido foglio.
— G. D'ANNUNZIO, *Vegliando*

Non è gelo né piccolo pudore che le manca
magari fosse la vena audace che la stanca

la bionda luce è più lontana che bionda
dentro questa forma rotonda ma rotonda

lei bianca signora è già stata trascinata
adesso un po' schiava un po' molto sognata

volando proterva verso il suo tramontare
problemi di costumi per andare al mare

bella molto bella bellissima anche
selvaggia nei suoi gesti con le mani stanche

quella sua vena audace adesso saggia
sempre giovane la schiaccia sulla spiaggia

è una bianca signora un po' trasognata
sembra meravigliosa soprattutto meravigliata

The Line Is Everything

I twist the strophic couplet on the candid page.
—G. D'ANNUNZIO, *Waking*

It is not cold nor a little shame that she lacks
if only her audacious vein would cut some slack

the blond light is more far away than blond
inside this round form albeit round

she white lady has already been dragged
now somewhat a slave somewhat overdreamt

flying arrogantly toward her setting sun
problems of beachwear to be overcome

beautiful very beautiful most beautiful even
savage in her gestures with tired hands then

that audacious vein of hers now quite wise
forever young is driving her beachwise

she is a white lady somewhat in a haze
she seems amazing and above all amazed

ci sono nobili ville e una città latina
l'idea di annegarsi è un'idea meschina

lei è stata schiava di sogni e del sognare
nel sole pomeridiano fa le prove di amare

soave è la prova soavi i sentimenti
soave cosa sono da vicino i rinnovamenti

sulla spiaggia abbandonata al silenzio
che silenzio questo silenzio è un silenzio

e questo è un talamo un talamo fiorito
gli ride l'anima al cane sbalordito

il cane che ride snello ai suoi amori lontani
pallido come un re privato delle mani

il verso è tutto bisogna rimirarsi
l'inno è inestinguibile i suoi frammenti sparsi

frammenti che sono fiamme obbrobriose
virtù divinamente fiori di altre cose

è l'anima che ride dei suoi amori lontani
per la bianca signora con i suoi colori vani

there are noble villas and a Latin city
the idea of drowning yourself a little shabby

she has been a slave of dreams and dreaming
in the afternoon sun she rehearses her loving

sweet is the rehearsal sweet the emotions
sweet things are from up-close renovations

on the beach abandoned now to silence
what silence this silence is a silence

this a wedding chamber a flowering wedding chamber
the soul of the astonished dog full of laughter

the dog laughing smartly at love in faraway lands
pale as a king virtually divested of his hands

the line is everything we must admire our worst
the hymn is unquenchable its fragments dispersed

fragments that are repugnant singe
virtues divinely flowers of other things

it is the soul that laughs at faraway lovers
for the white lady with her own vain colors

sono colori che imitano il bianco
un bianco palpitante come il bianco

oppure sono rime che dovranno rimare
il mistero la chioma il fiammeggiare

voi vedete che non è lo stesso mare
è un altro cielo un altro respirare

respiri che sono fiamme vergognose
il tramonto è una fiamma ed altre cose

ed altre cose ancora ed altre cose
e cose e cose cose ed altre cose

vi dico queste cose ma perdonate
perdonate stranamente perdonate

la nave il cane lei che si sogna amante
il fiore scolpito la brama irritante

il letto ignoto lo trova ripugnante
canta una molle canzone un po' ansante

canta ripete una molle canzone d'amore
canta ripete una molle canzone d'amore.

these are colors that imitate white
a white palpitating just like white

or rather they are rhymes that ought to rhyme
the mystery the head of hair the shining

you do see that it is not the same sea
it's another sky another kind of sighing

sighs that are the most shameful singe
the sunset is a flame and other things

and other things again and other things
and things and things and things and other things

I tell you these things but forgive me
forgive me curiously enough forgive me

the ship the dog she who dreams of loving
the carved flower the irritating longing

she finds the anonymous bed disgusting
she sings a tender song with some panting

she sings repeats a tender song of love
she sings repeats a tender song of love.

Domus poetica

L'ingranaggio si espande orizzontale
vetro piatto sottile incrinato dal sole
solarmente appoggiato sulla pianura
bilanciata tra vaste basse solforazioni
radiose in un pingue grigio bagnato
da piogge ottenute con strumentazioni
complesse sotto un ritmo torrenziale
per grandi opere di lento sterramento
in coltivazioni di acque germogliate
al riparo di una lieve ombreggiatura
inserita profonda nel cielo increspato
come carta masticata da trasudazioni
rese visibili con dura tratteggiatura
su tormentate pareti di gesso tannato
verdastre in zone di olio coagulato
spesso gommoso immerso nel terreno
intrecciato di pali e pietre confinarie
forse una mappa fatta con le mani
in angoli sfiorati da cavalli da tiro
da trattori percossi da colpi di freno
nel rosso muggito delle accelerazioni
che la casa riceve come suoni immani
dal labirinto esterno pensato da poeti
golosi di boschi popolati di draghi
mostri negligenti uccisi dai pittori.

Domus Poetica

The machinery expands horizontally
flat thin glass cracked by the sun
resting solarly upon the plain
balanced between vast low sulfurizations
radiant in a fertile wet gray
from rains obtained by complex
instrumentation in a torrential rhythm
for great works of slow excavation
under cultivation of sprouting waters
in the shelter of a light shading
inserted deep in the wrinkled sky
like paper masticated by dampness
made visible with sharp delineation
on tormented walls of yellowed plaster
greenish in spots of coagulated oil
often gummy sunken in the terrain
tangled in poles and boundary markers
perhaps a map made by hand
in corner grazed by draft-horses
by tractors banging their screeching brakes
in the red roaring of accelerations
that the house receives as appalling sound
from the external labyrinth thought up by poets
greedy for the woods populated by dragons
negligent monsters slain by painters.

Nastro sregistrato

per Giulio Cesare Bonazzi

> *Non s'intende di poeti, la polizia. S'intendono di ubriachi*
> *molesti e di rapinatori, s'intendono di stupri, magari anche*
> *di doglie, di drogati s'intendono ma di poeti no: in alto*
> *mare sono, coi poeti.*
> —SAUL BELLOW, *Il dono di Humboldt*

La masticazione è un modo lento di cavalcare
per succhiarsi le ossa attraverso i denti
non ha niente a che fare con chi si sbava sul mento
chi dal firmamento riceve la contemplazione
anche le foglie trasudano hanno qualche mania
spesso mangiative sensoriali si svegliano al vento
si nutrono di aria o ci sghignazzano sopra
con esseri passeriformi che svolazzano intorno
sono antistoriche amenità da inferriata
l'addestramento del ragno la zanzara estasiata
l'intonaco graffito che sembra da musicare
ma tutto è stato pulito e reso innocuo e decente
macchie verdi si scuotono ma sono da rasare
ma questo l'hanno fatto e questo è da fare
sono delitti eseguiti in una specie di sogno
dichiarati reati senza averne bisogno
però in certi casi occorre sentirne la lontananza
la volgarità le sue dorature la sua eleganza

Erased Tape

for Giulio Cesare Bonazzi

> *What did the New York police know about poets! They*
> *knew drunks and muggers, they knew rapists, they knew*
> *women in labor and hopheads, but they were at sea with*
> *poets.*
>
> —SAUL BELLOW, *Humboldt's Gift*

Mastication is a slow mode of riding
to suck your bones through your teeth
it has nothing to do with dribbling your chin
with receiving contemplation from the firmament
even the leaves sweat they have certain manias
often sensorial edibles they wake in the wind
they feed on air or scornfully laugh over it
with sparrow-shaped beings fluttering around
they are a-historical iron-barred pleasantries
the spider's training the ecstatic mosquito
graffitied plaster looking ready to be set to music
everything is cleaned and made innocuous and decent
green stains shake out but are better for smoothing
this they have done and this there is still to do
they are crimes committed in a kind of a dream
declared offences without having any scheme
although in some cases needing to feel them distant
the vulgarity its gilding its own elegance

poi ci sono i ricami sulle ciabatte ammuffite
le fitte del ventre che ha bisogno di cantare
ovviamente lo specchio che rimanda a se stessi
gli angoli la circonferenza il metro l'altezza
solitudine che conta da tempesta o da brezza
è anche utile piangere o far finta di niente
ammazzarsi ammazzare salutare i partenti
dormire svegliarsi osservare dentro di sé
tuttavia le finestre hanno forme regolari
guardano verso le montagne o verso i mari.

then there's the embroidery on the moldy slippers
the stitches in the belly in need of singing
obviously the mirror reflecting back on them
the angles the circumference the yardstick the height
loneliness that counts as a storm or slight breeze
it is even useful to cry or to pretend it's nothing
to kill oneself to kill to say goodbye to the departing
sleeping waking looking within yourself
nevertheless the windows have a regular shape
looking out on the mountains or the seascape.

Cunicoli

a Gian Ruggero Manzoni

La lingua si scava la sua galleria
in chiusi occlusi condotti sotterranei
folli fortificazioni per gola e tonsille
singolari o plurali buchi subitanei
capaci di ogni modalità di manìa

La lingua si agita nel suo artigianato
ripercorre le dure dorate lamelle
sono state adattate ai mostri alla violenza
curatissime perfezionate per strangolare
ogni forma più ricca d'intelligenza

La lingua sa scuotersi per sorvegliare
quando cade la grandine che turba la vita
la vite il vino il vizio la sonnolenza
lo stomaco tanto spietato da tormentare
il cupo grigio sollievo di farne senza

La lingua sibila di dolce soddisfazione
nel night dove sta imparando a ballare
tra le bottiglie della cantina ammuffita
con grappoli l'uva il marchio il cuore spaccato
per la sua tosse ostinata da registrare

Burrows

to Gian Ruggero Manzoni

The tongue digs its own tunnel
in closed occluded subterranean conduits
foolish fortifications for throat and tonsils
singular or plural sudden funnels
capable of any modality of mania

The tongue moves within its craft
runs over the hard golden little blades
they've been adapted to monsters to violence
very well-kept perfected for strangulation
every shape richer with intelligence

The tongue knows how to wag to supervise
when the hail falls that troubles life
the vine the wine the vice the drowsiness
the stomach so pitiless with tormenting
the glum gray relief of doing with less

The tongue hisses with sweet satisfaction
in the nightclub where it's learning to dance
among the bottles from the moldy cellar
with clusters grapes trademark broken heart
for its stubborn cough fine to record

La lingua non ha intenzione di controllarsi
è arida secca vuole urlando un gelato
enorme enorme nella sua enormità
la sete è il sogno della complicità
tra le fauci del poeta predestinato

La lingua ha le sue lunghe dimestichezze
con la norma del sogno torturato
le cose udite si stanno ormai disperdendo
oppure addormentate fanno biologia
per il corpo in cerca della sua via

The tongue has no intention to control itself
it is dry parched wants to yell for an ice cream
enormous enormous in its enormity
thirst is the dream of complicity
between the jaws of the poet redeemed

The tongue has its long familiarities
with the norm of the tortured dream
things heard are by now beginning to scatter
or while asleep study biology
for the body trying to find the key

Una passeggiata di Giordano Bruno

Terra grassa sostanziosa imbevuta d'acqua
con fumo di bruciaglia spiritato nei fossi
sinuosi melmosi fecondati da lombrichi
certo partecipi della perennità dei bossi
Giordano Bruno dice è genio demiurgico
e si muove nei rami degli ulivi e dei fichi
un'anima affilata come ferro chirurgico
la sua eternità è di specie meno innocua
in ingorde radici specchia cieli stellati
torrenti impazziti smisurati ombelichi
ustionati dal sole lampeggiante sui dossi
di colline abbuiate da forre ingoiate
dal sottobosco vivente di colori ingemmati
Giordano Bruno dice è forma immanente
solidamente divina mentalmente strategica
dolcissima pioggia che si contorce nel niente
il vuoto si ama molto in pensiero e semente
la vallata ora gode un amore letargico
Giordano Bruno dice è una somma liturgica
simile a quanto di simile c'è per l'universo
voglia di vita di una foglia e del serpente
foglia di vite e spoglia di un sapiente
la passeggiata continua tra ginestre fiorite
magnetici effluvi di mondi in sfere esiliate
simboli di stagioni ripetute da oriente
sull'erba nascente felice in steli plasmati

One of Giordano Bruno's Walks

Fat nourishing earth drenched with water
with smoke of rubbish bewitched in the ditches
sinuous muddy fecundated by earthworms
surely participants in the perpetuity of birches
Giordano Bruno says it is a demiurgical spirit
moving among the branches of the figs and olives
a soul that is sharpened like surgical steel
its eternity is of a less innocuous matter
in thirsty roots reflects starry heavens
boundless belly buttons raging torrents
scalded by the sun flashing along the spines
of hills darkened by ravines choked
with underbrush alive with burgeoning colors
Giordano Bruno says it is an immanent form
solidly divine mentally strategical
sweetest rain that twists into nothingness
the void adores itself in seed and thoughtfulness
the valley now enjoys a lethargic love
Giordano Bruno says it is a liturgical sum
similar to how similar there is for the universe
desire for the life of a leaf and of serpents
leaf of a vine and mortal coil of a savant
the stroll continues among flowering broom
magnetic emanations from worlds in banished spheres
symbols of seasons repeated from the east
on the happy newly born grass in molded steles

Giordano Bruno dice è l'energia che li plasma
forza paragonabile a quella immensa del cosmo
o espulsione di lattice dai buchi animali
forse per la presenza di umori esiziali
ma un albero sorge da un progetto perfetto
Giordano Bruno dice su questo non ho dubbi

Giordano Bruno says it is energy that molds them
a force comparable to that of cosmic intensity
or those lactic discharges from animal holes
perhaps because of the presence of fatal liquids
yet a tree rises up from a perfect design
Giordano Bruno says of this I have no doubt

Squaliformi

Le pinne arruffate sfuggenti dal dorso
contorto nel corpo segnato da una morso
nel muso furioso in acqua da masticare
se un pesce serve ora anche a nuotare

Un agile danzatore si osserva le squame
pesanti avvelenate graffiate dalle lame
che raschiano forse cominciando a pensare
se un pesce impara adesso almeno a remare

Dolce sgombro che s'immagina gallo
s'inchina inginocchiato nel ballo
con le scarpe può soltanto annaspare
se un pesce si decide soltanto a volare

Nouvelle Cuisine colorata squillante
con forma allegra mossa un po' andante
che si lascia volentieri divorare
se un pesce si fa avanti ad annegare

La sua testa dotata di spirito geometrico
nato da un remoto ideale scheletrico
basato su una base di mistero triangolare
se un pesce che scodinzola viene a curiosare

Sharkshaped

Spiny ruffled fins receding out of sight
twisted inside the body marked by a bite
in the wild snout waterbound for chewing
if a fish is now useful even for swimming

A nimble dancer watches its scales
dense poisoned scratched by the blades
that scrape perhaps beginning to know
if a fish now learns at least to row

Sweet mackerel who thinks he's a rooster
bends down kneeling like a dancer
with his shoes can only paw the air
if a fish decides to fly just anywhere

Nouvelle Cuisine multi-colored and scanty
with happy wavy shape somewhat andante
that lets itself be devoured willingly
if a fish volunteers himself drowningly

His head endowed with a geometrical feel
borne out of a remote skeletal ideal
based on a base of triangular mystery
if a fish that wiggles ends up nosey

Dalle onde vola vola via come un ranocchio
sguardo sperduto sconcentrato dall'occhio
a bocca spalancata volontà di ansimare
se un pesce improvviso riprende a guizzare

Gomitolo mostro con pennacchio ridente
frastagliato a metà da un coltello innocente
polifemico occhio affacciato sul mare
se un pesce con fatica inizia a respirare

Obeso galleggiante malato di gotta
cerca la nave che gli ha perso la rotta
su un ritmo felice che lo fa zampettare
se un pesce ghignante si fa inabissare

He flies from waves flies away like a frog
with a wandering look his eyes in a fog
mouth wide-open decidedly panting
if a fish suddenly begins squirming

Balled-up monster with delightful plume
slit right in half with an innocent spoon
cyclopic eye looking out over the seas
if a fish has a hard time starting to wheeze

Obese floating stricken with gout
he looks for the ship that lost its route
with a happy rhythm sets him tottering
if a sneering fish starts in sinking

Disturbi visivi

per Joan Brossa

Macchie nere tra le stelle e le sedie vuote
tende nascoste che rivelano teste bianche rotonde
forme di libri accanto alle finestre schermate
segregate nel loro guardare verso il mondo
parola con molto bisogno di collocazione
nella mappa celeste praticamente illeggibile
da noi ciechi veggenti distratti dal tempo
che scorre continuamente è sempre in azione
con la sua macchina dotata di raggi e di ruote
la macchina da presa le registra all'indietro
gli occhiali sono percossi da un grande vento
macchia nera che sfreccia verso il cervello
dov'è stata già preparata la festa operatoria
per i pensieri miniati sul fragile vetro
della lente allontanata dai propri diagrammi
orizzonti in penombra di misurazione
luce che digerisce la metà della luce
per il peso del cervello ridotto a pochi grammi
peso bianco rotondo vissuto senza drammi
per la retina fatta come una rete
dove le ombre scritte restano intrappolate
quasi tutto si muove in fretta durante l'azione
la festa operatoria dovrà rimare con storia
le forme dei libri sono idee rettangolari
la mappa celeste è utile per non volare

Visual Disturbances

for Joan Brossa

Black stains between the stars and the empty chairs
hidden curtains that reveal white round heads
shapes of books next to the screened-off windows
segregated in their looking out at the world
a word in great need of classification
in the celestial map practically illegible
by us blind seers distracted by time
that perpetually flows is always in motion
with its machine supplied with rays and wheels
the camera films them in reverse
the eyeglasses are struck by a great wind
black stain that darts towards the brain
where the operating party was already prepared
for thoughts illuminated on the fragile glass
of the lens far away from the very diagrams
horizons in the shadows of calculation
light that digests half of the light
for the brain's weight reduced to a few grams
white round weight lived without a fuss
for the retina constructed like a net
where the written shadows remain ensnared
almost everything hurries during the action
the operating party ought to rhyme with story
the shapes of books are rectangular ideas
the celestial map is useful for not flying

per non farsi abbagliare dalla mappa degli uccelli
penne remiganti che se ne vanno in gloria.

for not being dazzled by the map of the birds
flapping feathers that take off with glory.

Il complesso della preistoria

Nelle circostanze più diverse
della materia nascosta per vendetta
dei mezzi di spiegazione e d'esperienza
o fra tutti gli esercizi della risonanza
in questa festa più che nella sofferenza
e portarli in campagna sogno ad occhi aperti
ruvido davanti al piacere delle caverne
davanti al mito del ventre della digestione
questa dialettica nevrotica nevralgica
la vibrante armatura lo stato primitivo del fuoco
che vomita le fiamme per gli alchimisti
lo stomaco produce il calore necessario
e il pezzo di legni tra i denti del vulcano
musica tzigana osteria amore bivalve
sensazioni commensurabili in far tacere.

The Prehistorical Complex

In the most diverse circumstances
of material hidden for revenge
of means of explanation and experience
or among all the exercises of resonance
in this holiday more than in sufferance
and taking them off to the country crude
daydreaming before the pleasures of the caves
before the myth of digestion's belly
this neurotic neuralgic dialectic
the vibrating armor fire's primitive state
that vomits flames for the alchemists
the stomach produces the necessary heat
and the piece of wood between the volcano's teeth
gypsy music tavern bivalve love
sensations commensurate to keeping quiet.

Moskovskaya (Vodka)

per Paul Vangelisti

Il ventilatore il suo fatato movimento
da film con attori cortesi leggendari
isole tifoni vulcani idrovolanti
il balcone fiorito si scuote lento
con la ringhiera stampata sulle colline
è il cocktail decorato con foglie
di menta di tiglio di acero o di gelso
con petali di rosa se la vodka è rosa
effetto che si ottiene con il succo di pesca
spruzzato per macchiare la distesa di neve
accanto ai grandi fiumi fiorenti di caviale
meglio mangiarlo con le patate bollite
un po' di burro e di fresca cipolla
il prezzemolo sta invadendo il terrazzo
giungla adatta ai trionfi giapponesi
dell'aviatore stressato che diventa pazzo
del prigioniero felice che grida di star male
eiaculando ha sognato la moglie
appoggiata a un pianoforte scordato
nel lezzo di sudori tropicali
ronzio di insetti e urla di animali
un po' di sollievo lo dà il ventilatore
con il suo sensato girare per ore e ore
nel cocktail il ghiaccio si sta sciogliendo
la vodka è pallida come sangue denaturato.

Moskovskaya (Vodka)

for Paul Vangelisti

The fan its enchanted movement
from films with gracious legendary actors
islands typhoons volcanoes seaplanes
the balcony in bloom slowly stirs
with the railing printed on the hills
it's the cocktail decorated with leaves
of mint of lime of maple or mulberry
with rose petals if the vodka is rosy
effect obtained with the juice of a peach
sprayed to mark the expanse of snow
next to big rivers blossoming with caviar
better to eat it with boiled potatoes
a little butter and some fresh onion
the parsley is starting to invade the terrace
jungle suited to Japanese triumphs
of the overwrought flyer who's going mad
of the happy prisoner screaming he feels bad
ejaculating he dreamed of his wife
leaning on an out-of-tune piano
in the stench of tropical sweat
buzzing of insects and animal cries
the fan provides little relief
with its sensible turning hour after hour
in the cocktail the ice is starting to melt
the vodka is pale as denatured blood.

Apoteosi del melo e conseguenze

Fiori bianchi all'interno rosei esternamente
ariose tracce traforate su cartone azzurro
l'accento più profondo diventa sussurro
cielo allegorico spolverato di paillettes
l'accordo dei rami si scuote dolcemente
intonato per luccicare armoniosamente
la musica delle foglie è complimentosa
perditempo ingarbugliata zuccherosa
tuttavia semplice e intrisa di chiarore lunare
non la luce che percuote la distesa del mare
ma quella sospettosa che bagna le colline
che giù in pianura piace a rane e ranocchi
ai rospi tozzi che ti sputano negli occhi
ma il melo in sé appare stupefatto
senza infanzia perduta né sogni traditi
produce frutti che sembrano canditi
ma alle radici conserva notturna sonorità
per archetti da manovrare languidamente
su forme tonde perfette prive di sesso e di età
però il melo in sé non soffre di contrazioni
accenna solo un motivo per spettatori rapiti
il cui respiro leggero dà luogo a variazioni.

Apotheosis of the Apple Tree and Consequences

White flowers on the inside rosy outside
airy perforated outlines on blue cardboard
the deepest accent becomes a whisper
allegorical sky splashed with paillettes
the agreement of branches gently stirs
attuned to sparkling harmoniously
the music of leaves is complimentary
complicated sugary a waste-of-time
however simple and drenched in lunar clarity
not the light striking the expanse of sea
but the suspicious kind that soaks the hillsides
on which in the valleys frogs and tree frogs rely
as well as tough toads that spit in your eye
yet the apple tree itself looks stupefied
without a lost childhood or dreams betrayed
it produces fruit that appears candied
preserves in its roots a nocturnal sonority
for string bows to maneuver languidly
on perfect round shapes sexless and ageless
though the apple itself doesn't suffer contractions
hints at only one motive for rapt devotees
which light breathing gives rise to variations.

Il collezionista di parole

Ricavare una sillaba da ogni definizione
con una coppia esatta di astrusi significati
farne la combinazione su questo cartoncino
ad esempio la chiave per l'apertura dello scrigno
o della tomba leggendaria stracolma di monete
con le effigi corrose che trattengono la luce
una febbre soffusa che la mente cerca di datare
nel metallo remoto che le mani dovranno toccare
oppure i francobolli antichi la loro fragilità
usura e anima di una consistenza fatata
che il tatto leggerissimo brucia come uno sguardo
sulla busta segnata dall'ampia calligrafia
d'inchiostro rosso calcificato dal tempo
racchiuso dalla conchiglia nel suo labirinto
o nelle screpolature di una vecchia fotografia
cartolina postale dalla firma incantata
difficile da decifrare nell'angolo a destra
che forse corrisponde a quello di sinistra
al centro un ghirigoro di segreta follia
il collezionista di parole non è mai sazio
è dai simboli che riconosce la natura dello spazio
dentellature diverse producono abissi di vuoto
timbri illeggibili sono enigmi irrisolti
negli errori c'è qualcosa di divino e maligno
non basta catalogarli per esserne assolti.

Word Collector

To recover a syllable from each definition
with an exact copy of abstruse meanings
to work the combination on this card
for instance the key for opening the cask
or the legendary tomb packed with coins
with corroded busts that keep back the light
a suffused fever the mind tries to date
in the remote metal the hands should translate
or the very fragility of antique stamps
usury and soul of an enchanted consistency
which the lightest touch burns like a glance
at the envelope signed in large handwriting
with red ink calcified over time
enclosed by the conch in its labyrinth
or within the cracks in an old photo
postcard with a spellbinding signature
hard to make out in the right-hand corner
which corresponds perhaps to that on the left
in the middle a scribble of secret folly
the word collector is never satisfied
from symbols he understands the nature of space
different indentations leave abysses of emptiness
illegible postmarks are unresolved enigmas
there is in error something divine and malignant
cataloguing them is not enough to be absolved.

Solventi

per Valerio Miroglio

I nodi chimici sono numerati
sommersi dall'acqua compressa
liquida sintetica salata
straripante nel corpo allagato
la corrente è bassa e sommessa
fornisce somme alterate
scuote i limiti assegnati
che appaiono solo antropometrici
è un problema di schedatura
per scheletri ben surgelati

Solvents

for Valerio Miroglio

Chemical bonds are numerical
submerged in compressed water
fluid synthetic salty
overflowing in the flooded corpse
the current is low and subdued
it furnishes altered sums
shakes the assigned limits
that seem only anthropometrical
it is an indexical problem
for well-frozen skeletons

Grande pioggia Velletri 1985

per Claudio Marini

È un modo di lastricare strade e quadri
dimensioni quadrate immaginabili in cielo
tele enormi che resistono al soffio del velo
che le sporca di colore sono le madri

sono i padri che dicono pennello affresco
falsi buchi nello spazio per far meglio capire
tutto lo sfondo si deve ora annerire
negli strappi che sono riquadri nei quadri

dietro dove sono i sogni per assentire
al rumoreggiare del quadro innalzato
la corrente d'aria non lo fa trasalire
urla soltanto perché l'hanno quasi inchiodato

cioè come se da davanti fosse un quadro finito
mentre dalla notte escono tutti gli altri segnali
la pittura ci pensa forse sopporta i suoi mali
certe stesure di nero sono quasi un invito

bruciato come i funghi bruciati sulla graticola
lasciano la fuliggine sul lenzuolo inamidato
l'arte è quel vuoto che il bambino ha tradito
nascosto nel nulla che si lascia sporcare.

Heavy Rains Velletri 1985

for Claudio Marini

It is a way of paving roads and pictures
square dimensions imaginable in the sky
huge canvases that withstand the veil's sigh
that soils them with color are the mothers

It is the fathers who say brush fresco
fake holes in space to better reckon
the entire background we must now blacken
in the tears that are squares in the pictures

behind where there are dreams consenting
to the rumblings of the raised painting
the draftiness does not startle him
yelling just because they almost throttled him

namely from the front as if a finished painting
while out of the night come all the other sightings
painting considers it perhaps puts up with suffering
certain layers of black are almost inviting

scorched like mushrooms scorched on the grill
they leave soot on the starched white bedding
art is that emptiness the child has betrayed
hidden in the nothingness that lets itself be soiled.

Piccola esortazione

La poesia non è sfigurare il viso
delle circostanze e della delicatezza
nelle occupazioni così vane e urgenti
per la lettera indirizzata alla coscienza
o più esattamente alla prima edizione
di un dizionario per tutti gli istanti
del linguaggio del sistema dello shock artificiale
osservatore e interprete della statistica
delle funzioni delle parole che sono le stesse
per la sensazione isolata nell'istinto
nella massa implicita dell'essere mentale
di un uomo pazzo di musica e di scrittura
che vive nel suo oggetto la sua vita interiore
estranea lontana dal pozzo artesiano
dell'opinione comune a livello degli umani
di un mondo carnevalesco e mitico
con il suo brillante corteo di invitati.

Little Exhortation

Poetry is not disfiguring the face
of circumstance and of delicacy
in occupations so vain and urgent
for the letter addressed to the conscience
or more exactly to the first edition
of a dictionary for all instances
of the language of the system of artificial shock
observer and interpreter of statistics
of the function of words that are the same
for the isolated feeling in the instinct
in the implicit mass of mental being
of a man crazy with music and writing
who lives in his object his inner life
outlandish far from the artesian well
of common opinion at the human level
of a world carnival-like and mythical
with its brilliant procession of guests.

Il sogno delle coordinate interiori
per la pittura di Francesco Martani

Lo spazio alto e profondo è la materia del colore
se è l'azzurro che esplode in frammenti delicati
nell'esaltazione cupa e nuvolosa di cieli graffiati
su fantasmi di paesaggi mentali quasi viscerali
per lo spessore della pennellata intrisa nel segno
forse dilatato o contratto da spasmi di calore.

Lo spazio esteso nel tempo è morfologia minerale
della tela intrisa e pensante come una vela bagnata
dal respiro sciroccale che serpeggia sul mare
verde come un metallo corroso da acqua infuriata
da una sofferenza millenaria scolpita in dolore
nei muscoli tesi del mostruoso fiabesco animale.

Lo spazio rovesciato è giallo come un sole infantile
impresso e disegnato nel duro cervello degli uccelli
che con ali silenziose caricano il cielo di rumore
o sventrano le nuvole fino a farne opachi ruscelli
fissati tra loro da graffe feroci di colla artificiale
le cui tracce di colatura macchiano l'arenile.

Lo spazio curvo è un lento processo di liturgia
spande il nero lo insinua tra gli strati di carta
porosa splendente come un osso lucidato dalla sabbia
accumulata dalla tempesta manovrata con rabbia

The Dream of Internal Coordinates
for Francesco Martani's paintings

High and deep space is the material of color
if it is azure that explodes in delicate bits
in the dark and cloudy exaltation of scratched skies
over specters of almost visceral mental countryside
for the thickness of the brushstroke soaked in the sign
perhaps expanded or contracted by spasms of calories.

Space stretched out in time is mineral morphology
of the soaked and thinking canvas like a wet sail
with the sirocco's breath that snakes across the sea
green as some metal corroded by a raging gale
by a millennial sufferance carved in sorrow
in the tense muscles of a fabled animal monstrosity.

Upside down space is yellow as an infantile sun
imprinted and designed in the hard brain of egrets
that with silent wings load the skies with noise
or disembowel the clouds until they are dull rivulets
joined with ferocious clamps of synthetic glue
whose trails leave a stain on the sand run.

Curved space is a slow process of liturgy
spreads black slips it between layers of paper
porous resplendent like a bone polished by sand
accumulated by the storm furiously handled

dalle streghe del vento che infestano il porto
e lo trascinano al largo con arte di brutale magia.

Lo spazio è denso dentro il cielo fatto di lava
eruttata in uno scenario composto di dorati vulcani
che eccitano con sordi rimbombi il terrore dei cani
pregni di ricordi ottenuti col marchio del fuoco
su lastre di pietra deturpata da una pioggia remota
di pigmenti fragorosi come ghiaia estratta da una cava.

Lo spazio scivoloso è un vortice verniciato di bianco
che ingombra il quadro come un'ombra in negativo
di fangose deglutizioni di radici di felci gigantesche
nella caverna del corpo addormentato appena vivo
sorretto da un telaio di rozza aerea membratura
il cui respiro geme e singhiozza come un motore stanco.

Lo spazio immobile sceglie l'arancione terroso
implacabile e quasi cieco nelle gommose striature
sotto le quali si nasconde una perduta sintassi
elaborata da gesti rotondi perfetti come sassi
dimenticati sul greto di un fiume ora disseccato
con poche gocce d'acqua rispecchiate nel cielo sfarzoso.

Lo spazio retrocede in cerca di un rosso eloquente
attraversato da scariche elettriche di tono innaturale
un gioco offerto alle unghie per trattare e raspare
la superficie che al pittore sembra cosparsa di sale

by the wind's witches that infest the port
dragging it into the open by the art of brutal sorcery.

The space is dense inside the sky made of lava
erupted in a scenario composed of gilded volcano
that excites with deaf rumblings the dogs' bravado
teeming with memories obtained from the fire's stain
on stone plates disfigured by a distant rain
of clanging pigments like gravel from a Java cave.

The slippery space is a vortex varnished white with color
that clutters the picture like a shadow in negative
with muddy swallowing of gigantic fern roots
in the cavern of the barely alive sleeping body
propped up by a canvas with coarse aerial framework
whose breathing groans and hiccups like a tired motor.

The immobile space chooses the orange earthiness
implacable and almost blind in gummy striations
under which a lost syntax remains in hiding
elaborated by round perfect stone-like gyrations
forgotten in the bed of a by now dried-up river
with a few water drops reflected in the sky's gaudiness.

The space recedes in search of an eloquent red
crossed by electric discharges of unnatural tone
a game offered the nails for treating and scratching
a surface seeming to the painter strewn with brimstone

nelle lagune intarsiate da luccicanti veleni
o da smalti divini imitati da un minimo incombente.

Lo spazio che esplode preannuncia arcobaleni vistosi
su ruggine e argento di scogli affioranti tra i pesci
pennellate scaltrite dal buio della notte abissale
in esistenza di alghe e crostacei in maree millenarie
o in laghi iridiscenti per bolle per schiume saponarie
che colori crudeli rimandano a placidi sogni amorosi.

in the lagoons inlayed with glistening poisons
or divine glazes imitated with a minimum of dread.

The space that explodes forewarns of flashy rainbows
on the rust and silver of reefs surfacing among fish
brushstrokes refined by the dark of the abysmal night
in seaweed and crustacean lives in millennial tidal floods
or in lakes iridescent with the bubbles of soap suds
that cruel colors return to love's dreamy pianissimos.

Segni sillabici

La coscienza della complicazione del miscuglio
nella riduzione dei nuovi termini tecnici
con piccoli colpi rapidi allineati triangolari
questo alfabeto comprende la sua interpretazione
l'immagine di un albero che resta enigmatico
inesplicato nella sua figurazione omerica
onnipresenza della forma della pietra rotonda
crollata in un sol colpo soprattutto utilizzata
per l'ipotesi del repertorio circolare
della città murata delle sue vocali parziali
tatuaggi tribali e tradizione meccanica
dei rami intrecciati accanto ai megaliti
o alle ombre fallaci immobilizzate
per l'immolazione e la lama scanalata
e la scienza della sparizione dell'angelo
nella produzione della danza del presagio
segni sillabici abbaglianti sul fumo.

Syllabic Signs

The conscience of the complication of the mixture
in the reduction of new technical terminologies
with small quick aligned triangular blows
this alphabet understands its own interpretation
the image of a tree that remains enigmatic
unexplained in its Homeric representation
omnipresence of the round stone's form
crumbled by one blow above all utilized
for the hypothesis of circular repertory
of the walled city of its partial vowels
tribal tattoos and mechanical tradition
of entwined branches alongside the megaliths
of the fallacious shadows immobilized
for the immolation and the fluted blade
and the science of angelic disappearance
in the dance of foreboding's production
syllabic signs blinding in the smoke.

Privilegi d'autore

Il serpente dagli occhiali ha il suo vangelo
tratto da brevi pause o lunghe eccitazioni
bruciature a spirale sulla vestaglia di seta
quella pelle amorosa strinata come un velo
accarezzato di striscio dal fulmine bizzarro
architettato in un lampo da arsenicate intuizioni
della murena di scoglio intrecciata al ramarro
tra le pietre smussate da una luce radiale
del sole sommerso decantato dai fossili
sollecitati dal possesso del veleno millimetrico
sconsigliato per far bere la memoria dei rettili
o del cobra avvitato in una posa regale
elastica dorata spezzata nei resti fittili
i cui frammenti ne risalgono il sangue compiaciuto
flagellato da minestre di orzo di frumento di farro
con pezzi sfarzosi di aglio fastidioso per i vampiri
ma il senso degli incubi è che qualcuno li ammiri.

Author's Privileges

The spectacled cobra has his gospel
derived from brief pauses or long exhilarations
spiral scorching on the silk dressing gown
that amorous skin singed like a veil
grazing caresses of bizarre lightning
contrived in a flash by the arsenic sensations
of a reef moray twined around a green lizard
among the stones worn smooth by a radial dazzle
from the submerged stones decanted by fossils
roused by the possession of millimetric poisons
unadvisable for drinking the memory of reptiles
or of the cobra screwed into a regal pose
elastic gilded broken into clay shards
whose fragments go back up the pleased blood
whipped by barley millet and wheat soups
with garish pieces of fastidious garlic for vampires
and the sense of nightmares is how someone admires.

Materia, materiali, recupero dei

per Bianca Maria

Verso la luna alta sconvolta reciproca
al manganese fragile duro splendente
convenzionale come gli aforismi sul mare
oscuro vasto selvaggio con pelle di serpente
guizza strisciando oscilla si distende
ma da questo ansito si muove l'ansimare
si agita la competenza del cosiddetto fuoco

Verso la terra gommosa tenera curvata
sull'arco gutturale del motore imballato
nell'atmosfera salata acida lattescente
banale come la febbre del caos primordiale
indubbiamente pulsante nella sua devozione
ai rottami ferrosi che sostanziano il fango
le cui contrazioni aumentano le contrazioni

Verso i quattro punti cardinali rovesciati
da proiezioni distorte liquide asimmetriche
nella schiuma turbata da vento crepuscolare
sotto segni automatici di linguaggi magnetici
l'occhio li consulta su tabelle elementari
li trasforma in figure con impulsi ciliari
imbevuti di raziocinio o meglio di cloroformio

Material, Materials, Recovery of

for Bianca Maria

Toward the high stormy reciprocal moon
with brittle hard manganese resplendent
conventional aphorisms about the sea
murky vast savage with skin of a serpent
quivers creeping wavers as it spreads
but from this gasp grows the gasping
the competence of so-called fire stirs

Toward the gummy tender curved earth
on the guttural arc of the gunning engine
in the salty acid milky atmosphere
banal as the fever of primordial chaos
undoubtedly throbbing in its devotion
to scrap iron that substantiates the mud
whose contractions increase the contractions

Toward the four cardinal points turned upside down
by crooked liquid asymmetrical projections
in the foam troubled by crepuscular wind
under automatic signs of magnetic languages
the eye consults them on elementary tables
transforms them to figures with ciliary impulses
imbued with reasoning or better with chloroform

Verso l'obiettivo stabilito alla quota rimossa
dall'orizzonte deforme in fase organoplastica
necessitante di prove di sieri e di scosse
un piccolo elettroshock per farlo sussultare
sul visore incrinato dal rimbalzare elastico
un colpo di rasoio il raffio la radioattività
la mente raffinata che si lascia auscultare

Verso l'autocontrollo lo stile del falsario
col tremito alle mani e la vista confusa
per schede sistemate dentro lo schedario
l'esperienza del controllo la sua metratura
la gabbia al morfinomane intento a galoppare
in un ballo campestre svelato dall'accusa
alla santa infermiera che dosa le iniezioni

Verso la città dai percorsi placentali
sfiorati dalla merce abbondante dei fiorai
dei farmacisti dotati di ricordi prenatali
nel rombo dorato che sembra ingrossare
dualistico come il profitto degli interessati
dalla percezione corretta e tridimensionale
anche l'aspetto è importante per fare affari

Verso il freddo glaciale l'astenia genetica
dell'erosione indolore del pensiero formale
che si sospetta all'interno dei massi erratici
oppure tra le formiche dall'anima frenetica

Toward the target set on a far-off distance
of the deformed horizon in organoplastic phase
necessitating experiments serums and goads
a little electroshock to make it jump
on the viewer cracked by the lively bounce
a razor stroke the grapnel the radioactivity
the refined mind that lets itself be probed

Toward self-control the style of the forger
with shaky hands and muddled sight
for cards arranged in the card index
the experience of control its measurement
the morphine addict's cage intent on taking off
in a country dance unveiled by indictment
for the blessed nurse doles out the injections

Toward the city of placental byways
grazed by the plentiful wares of florists
of pharmacists endowed with prenatal memories
in the gilded bream that seems to swell
dualistic like the profit of interested parties
with the correct and three-dimensional perception
even the look is important in doing business

Toward the glacial cold the genetic weakness
of formal thought's painless erosion
which we suspect inside erratic boulders
or among the ants of the frenetic spirit

con l'ingegno vivace la forza dei belligeranti
ma la fresatrice esegue la fresatura
mai la ferita è stata così semplice e pura

Verso il buio la fine delle scorte alimentari
per il sangue la sua caccia al nutrimento
dall'argine il fiume l'insegue eternamente
nella pesca notturna dal barcone ancorato
al rettile anfibio che ha bisogno di mangiare
la macchina macina rifiuti e spazzatura
sulla carne stopposa scarsa tagliuzzata

Verso il mito del viaggio perduto tra i pianeti
dalla stazione morta sommersa dalla nebbia
dipinta o scolpita sulle rozze traversine
un treno lontano si allontana tra i canneti
l'attività dei transistor serve alla trasfusione
dell'acqua macerata succhiata dalla sabbia
soltanto i carri armati fanno confusione

Verso la zona acre che brucia in combustione
dietro l'incendio sparso fino al vecchio tappeto
di erba triturata con cingoli raspanti
la cometa descrive la sua orbita ellittica
con il terrore demenziale nel cielo traforato
la traiettoria sprigiona vapori di salnitro
mentre ambulanze si occupano degli abitanti

the force of belligerents with a lively cure
but the grindery carries out the grinding
never had the wound been so simple and pure

Toward the dark the end of the basic reserves
for the blood its hunting after nutrition
from the banks the river follows eternally
in night fishing from the anchored scow
for the amphibious reptile that needs to eat
the machine munches waste and garbage
on the scarce stringy shredded meat

Toward the myth of the lost voyage among planets
from the dead train station submerged in fog
painted or sculpted on the unfinished ties
a far-off train moves far into the cane fields
the transistor's working helps the transfusion
of waste water sucked out of the bogs
only the tanks are creating any confusion

Toward the acrid zone burning with combustion
behind the scattered fire far as the old carpet
of grass crushed by rasping bulldozer tracks
the comet describes its elliptical orbit
with demented terror in the punctured heavens
the trajectory lets go of saltpeter vapors
while ambulances are busy with the locals

Verso le grandi navi smantellate nei porti
sventrate da rollio impercettibile che le accarezza
ma al largo singoli tuoni percuotono l'aria
per sfiatatoi che respirano tanfo e ribrezzo
tra le meduse tranquille che aspirano nafta
dall'orifizio vibratile nell'orlo contorto
che palpa nel marinaio la ghiandola pituitaria

Verso l'ecatombe degli organismi inorganici
scatole colme di pensieri non sempre pertinenti
magari inquinati da orgogli diabolici
inquartati nell'insegna con doppie file di denti
sarà il pupazzo dal risveglio stentato
il fantoccio purgato da ogni colpa o peccato
tuttavia non immune dal suo solito lezzo

Verso le marce militari la regolazione del passo
in relazione fisica numerica di velocità relativa
per universi che si specchiano nel pozzo
in comunione di odio e di carenza affettiva
le azioni dell'impresa tendono dunque al ribasso
sgonfiandosi il satellite comincia a sgocciolare
questo farmaco spinge soprattutto a vomitare

Verso sciroppi zuccherini pianti nevrastenici
in scaglie di nichelio scariche igroscopiche
con i fili d'acciaio tesi per allacciamento
tiranti che sopportano carichi mediante trazione

Toward the great ships dismantled in port
disemboweled by the imperceptible caressing roll
while offshore single thunderclaps drum the air
through vents that breath stench and repugnance
among the tranquil jellyfish inhaling diesel
from the vibratory orifice in the twisted rim
that palpitates throughout the sailor's pituitary

Toward the hecatombs of inorganic organisms
boxes brimful of thoughts that don't always pertain
maybe even polluted by diabolical envies
quartered in the insignia with double rows of teeth
it will be the marionette of a labored campaign
the puppet purged of any guilt or stain
nevertheless not immune to his usual stench

Toward the military march the keeping in step
in physical numerical relation of velocity relative
to universes mirroring themselves in the pool
in a communion of hate and lack of feeling
shares in the enterprise tend thus to drop
deflating the satellite begins to drip
this medication above all forces vomiting

Toward sugary syrups neurasthenic sobbing
in nickel scales hygroscopic discharges
with steel wires tightened up for fastening
tie rods that support loads by means of traction

o uccelli scagliati via da molle a compressione
le ruote girano lievi con tragica armonia
nel contrasto tra la pressione e lo svenimento

Verso le vasche asciutte i portelli scardinati
nella polvere finissima dagli sbuffi repentini
in deposito di caolino la mandibola prognata
è la saldatura della scienza o la scannatura
per esseri pietrificati incapaci di fuggire
fanno compassione per gli umori essiccati
prima floridi rigogliosi ottimi da leccare

Verso le tormentate caverne le torride buche
torpide nella sabbia strinata dal cherosene
macchiata dalla bile dei prigionieri eviscerati
per la consolazione di nere scimmie stupite
dall'evidenza degli intestini aggrovigliati
in sintonia con la potenziale degenerazione
dei microfilm della vita dei processi investigati

or birds flung away by compressed springs
the wheels turn easily with tragic harmony
in the contrast between pressure and swooning

Toward the dry ponds the doors off their hinges
in the finest dusting from sudden gusts
in a kaolin deposit the prognathous mandible
it is the soldering of science or the slaughtering
for petrified beings incapable of escaping
they arouse pity for their desiccated binges
once florid luxuriant excellent for licking

Toward the tormented caverns the torrid pits
sluggish in the sand singed by kerosene
stained by the bile of disemboweled prisoners
for the consolation of black monkeys amazed
by the evidence of tangled intestines
in tune with the potential degeneration
of microfilm of the life of investigative procedures

Gobelin

per Gian Paolo Roffi

Sostituibile sulla parte di disco non illuminata
voce sedentaria muscolo e porta di novilunio
germoglio ricamato figura voltata all'indietro
pregata temuta dai giardinieri preziosa schermata
uscita dal morso di quanto ricorrente sul vetro
dove l'atto dell'apparire ha in sé la sparizione
chiusa dentro le parole come dentro un pugno
il sistema di cucitura lo si controlla sul grugno
del mostro a più zampe sospeso nell'arazzo
nell'appellativo mitologico di un mazzo di fiori
appartenuto a una dama di picche o di cuori
i quadri sono quelli elaborati del più fine tessuto
roba da tappeto quasi distrutto in un giorno
da cui spicca circonvoluta l'anima dell'unicorno.

Gobelin

for Gian Paolo Roffi

Replaceable on that part of the disk not illuminated
sedentary voice muscle and new moon's gate
embroidered bud figure turned towards the rear
begged for dreaded by gardeners precious brocade
sprung from the morsel of how much recurring on the
    glass
where the act of appearing has in the disappearing
shut inside the words as if inside a fist
the method of stitching is checked on the mug
of the many-legged monster dangling in the rug
in the mythological epithet of a bunch of flowers
belonging to a lady of hearts or of spades
the paintings are those woven of the finest tinsel
carpet stuff almost destroyed wholly in a day
out of which drops the unicorn's convoluted soul.

Salita della memoria
            per un'opera del 1976 di Claudio Parmiggiani

Arrampicarsi ridiscendersi sulla via del sale
percorsa arpeggiata da invariabili carovane
decorate arredate con polvere cotta rossastra
su corna e groppe di buoi su carri a due ruote
o su corregge splendenti di canfora animale
gemmata in lividi azzurri sul muso del cane
disperso in vuoti tracciati da non ricordare
nei calli di zampe indurite da sabbia biancastra
labile cloruro di sodio caricato con pale
simile quasi a farina umida per fare pane
nel fosso c'è un'acqua verde invita a lappare
con lingua già metafisica tocca il firmamento
spasmo di stelle dipinte con scala a pioli
su intonaco intatto intoccabile da non toccare
la graticciata lo protegge dal morbo del mare
ombra di sostanze corrosive buone per il cibo
per le alghe del cielo adattate al cervello
educato a trarre sogni dal libro dei sogni.

Slope of Memory

for a 1976 work of Claudio Parmiggiani's

Climbing up going back down the salt road
traveled harp-like by invariable caravans
decorated furnished with reddish ceramic powder
on horns and rumps of oxen or two-wheeled carts
or on leather straps resplendent with animal camphor
bejeweled in livid blues upon the dog's snout
strewn across abandoned routes not to be remembered
on the corns of paws calloused with whitish sands
unstable sodium chloride in a brimful load
almost like moist flour for baking biscuits
there is in the ditch a green water inviting to lap
with already metaphysical tongue touching the firmament
spasm of stars painted with a tall ladder
on intact untouchable plaster not to be retouched
the lattice work shelters it from the sea's disease
shadow of corrosive substances fine for the larder
for the sky's seaweed well-suited to the brain
educated to tease dreams from the book of dreams.

A Reason for the Party in the Forest:
THE RETURN OF ADRIANO SPATOLA TO BOOKSTORES

> *Art is not a mirror held up to reality, but a hammer with which to shape it.*
>
> —VLADIMIR MAYAKOVSKY

It has taken twenty years since the death of Adriano Spatola, (1988–2008), one of the most interesting poets to emerge from the neo-avant-gardes, for him to receive some form of critical attention in Italy, beyond that of the intimate group of friends who have attempted to preserve his memory from complete oblivion. Finally the opportunity has come to organize conferences, reprints, collections, and exhibitions of Spatola's work: only time will tell whether this will yield results or, confirming the truth of "nemo propheta in patria sua," Spatola will return to the dusty bookshelves of the few libraries, public or private, which have selections of his work. Spatola's writing, in fact, always appeared in small editions (those he did himself, as well as other publishers'), and has almost never been reprinted. Even the 1978 collection, *La composizione del testo*, combining Spatola's first three books with uncollected pieces, is near impossible to find.

Spatola's isolation was the result of both his uncompromising belief in his own poetic project and of being a true "renaissance poet," one extremely difficult to label: a visual poet, a sound poet, a concrete poet, a linear poet, editor of innovative magazines, a refined critic and translator, organizer of historical poetry happenings (like "Parole sui muri" in Fiumalbo), and founder of his "republics of poetry," first in Mulino di Bazzano (il Molino) and then in Sant'Ilario (Ca' Bianca). Recently, in Eugenio Gazzola's book focusing on Spatola's experience at the Molino, I emphasized that the "poetic realms" created by Adriano remain as a clear testimony to the centrality of poetry in his life. They become places, not only to live and write, but to be written: life and writing, writing and poetry, unified and indissoluble, self-sufficient and self-sustained. The experience of Fiumalbo's "Parole sui muri,"[1] with a whole town in the hands of poets and artists, even if only for a few days, was most likely the moment that convinced Adriano that a city, a society of poetry, was possible. First at the Molino, then at Ca' Bianca, even though at a reduced scale, it was possible for him to recreate that situation, to initiate a "poetocrazia," a country of poetry; and, in fact, if we exclude the eno-gastronomic needs, the life of Adriano was entirely dedicated to poetry and its dissemination:

> "What then is my activity? First of all, it is a full-time activity. I am free only when invited to a festival of poetry (now, for example, I am about to leave for Budapest). On Sundays I have to meet authors and friends who work and are busy during the week. During the other days I typeset, layout and finish books for the printer, I take care of the correspondence, I prepare large and small

packages for subscribers, I answer the telephone, I cook (I enjoy it very much), I write introductions for books, etc. To write my poems I set the alarm at 5 a.m."[2]

From these places, in those years in Italy when the label of poetry appeared dated and contradictory, Adriano continued his fight: the possibility of saving/changing the world with poetry had vanished, the need to try to salvage poetry itself remained: "The linguistic description of catastrophe opposes the acceptance of a fixed scheme of the catastrophe, a model, something like Vico's, to which the text tries to adapt, in order first of all, to save itself."[3] With Adriano's death went all of his worlds, and those few friends who remain, and those new ones who have had the good fortune to come into contact with his poetry, have the duty to remember and sustain his work.

This sad Italian reality, this perpetually dimming memory and recognition, dissolves if we move to the United States, thanks to the efforts of many scholars, among them Paul Vangelisti, the tireless translator and editor of his poetry. This collection represents the culmination of a journey that began in 1975 with the American edition of *Majakovsiiiiiij*, followed in 1977 with *Zeroglyphics* and, the following year, with *Various Devices*, always from the Red Hill Press, the publishing house directed and created by John McBride and Vangelisti. Red Hill Press has also given us editions of many Italian poets, such as Vittorio Sereni (*Sixteen Poems,* 1971; *Algerian Diary*, 1983), Antonio Porta (*As if it Were a Rhythm*, 1978; *Invasions and Other Poems*,

413

1986), Corrado Costa (*Our Positions*, 1974; *The Complete Films*, 1983), Giulia Niccolai (*Substitution*, 1975; *Foresta Ultra Naturam*, 1989), and the anthology, co-edited by Spatola and Vangelisti, *Italian Poetry, 1960-1980: from the Neo to the Post-Avantgarde* (1982)—witness to McBride's and Vangelisti's will and desire to offer a space for authors who, like Spatola, did and do deserve better recognition in Italy.

The Position of Things puts together, then, all of the poems collected by Adriano Spatola, with the exception of the very first chapbook, *Le pietre e gli dei* (*The Stones and the Gods*, Tamani, 1961), in which there is some evidence of the future characteristics of his poetry, but the impetus toward neo-avant-garde experimentation, which will bring completely different results in *L'ebreo negro* (*The Nigger Jew*, Scheiwiller, 1966), and in subsequent books, had not yet been metabolized. Between *The Stones and the Gods* and *The Nigger Jew*, there are the years of work as poetry editor for *il Verri*, the discovery of the poetic writings of Giuliani, Balestrini, Porta e Sanguineti, the work on his novel, *L'oblò* (*The Porthole*, Feltrinelli, 1964), the creation of his first literary magazines (*Bab Ilu* and *Malebolge*) and, most important, in order to understand Spatola's earlier work, the choice of surrealism[4] as a fundamental ingredient in his initial poetic experiments. Rather than in *The Stones and the Gods*, which I would qualify as juvenilia, it is in *The Nigger Jew* that Spatola refines his poetic techniques, with parallel experimentation in prose narrative that ought to be seen as mirroring his experimentation in verse.

Keeping in mind Spatola's drive not to be limited to the restrictions that literary genres ordinarily impose, a drive pushing him also to venture into sound, visual and concrete poetry, it seems impossible to separate his novel from the collections of poetry. In both, not only do we find the same experiments with rhythm, but also the return of numerous images and stylistic elements that were favored by the early Spatola[5]. In this essay I will not discuss the parallels between *The Porthole* and *The Nigger Jew*, but for those who wish to take a serious look at Spatola's early work, an examination of his novel is a sine qua non for identifying and evaluating the poetical paths he forged.

In *The Nigger Jew* we already find, in addition to the repetition of verses as refrains, the consistent use of rhetorical figures of repetition, and the "first signs of that poetic of the obvious that we will be able to recognize in the systematic use of tautology"[6] in Spatola's later work. All are techniques for exploring the infinite combinatory possibilities of language, creating a baroque effect of redundancy that reveals the insufficiency of the linguistic material the poet is forced to work with. As for Spatola's para-surrealism, Lello Voce points to a poem in this early collection, "Alamogordo 1945," as the most convincing example, underlining "expressionistic and noir tonalities and inflections, where the pleasure for strong images was mixed sometimes with the recovery of (false) literary affectations."[7] Rather than limit ourselves to this poem, Voce's description should be expanded to the entirety of Spatola's first collection. Thus, the "false recoveries" (better the parodic or grotesque[8], adhering to Spatola's terms: "the grotesque as irony of the pathetic, and as category of the tragic, is the dimension within which the poet must work"[9]) ought to include not only the lexical level but also the literary, and, therefore, referential ones.

With this in mind, the poem chosen by Voce could be used as a valid exemplum for Spatola's poetics. The title recalls the first nuclear experiment that was held at a military base close to Alamogordo, New Mexico, on July 16, 1945. The text is a continuous return of apocalyptic images, with echoes of Greek mythology, as well as of sacred texts from various religions, a mixture that disorients and leaves no coordinates of certainty for the reader[10]. If, as Spatola stated later on in "Capsule,"[11]

the seed of the line takes root and matures in chaos,

it seems that "Alamogordo 1945" is a testimony to that first moment, in which, after the end, after the chaos left from the blast, there remains as natural corollary the fact that there will be a new beginning. This destruction,

and one shadow will move over the earth with the
    force of the lord
who first made it possible
who will destroy it in an embrace (1, vv. 8-11)

carries within itself the seed for creation,

and repeating the creation myth

throwing men over one's shoulder so that they become
stones (5. vv. 1-2).

It coincides with what is fundamental to experimental
practice, where in the moment of destruction is also found
the moment of creation. The explosion becomes actively
linked to the moment of rebirth, described in this poem
with images that leave no room for ambiguity:

in the desert temple laboratory
restless children prepare the definitive vision
tempted the last time by the fruit of knowledge
in your womb they deposit the ovum to be fertilized
the altar of sacred embrace is the metallic tower
    (4, vv. 1-5).

The language flares up and the poet tries to reactivate it
in such a way as to make it unfamiliar and without those
encrustations of meaning that time and usage have imposed
on it. To do so it will be necessary to begin with a clean
slate, starting again from zero, with all the implications
that entails. Alamogordo is simultaneously beginning and
end, apocalypse and genesis; and perhaps for this reason,
"Alamogordo 1945" is the only poem in his first collection
where the syntax seems undamaged, apparently able to
convey a clear message. That message, however, has to be
deciphered, presupposing a repossession of the language
that, having lost its referentiality, must be recharged. The
best example of Spatola's recreation of language is his
treatment of classical myths, presented either inverted, as

in "throwing men over one's shoulder so that they become stones,"[12], or parodied by a language lowered significantly in register in relation to the sacredness of myth:

> I have known the bovine god from since he visited the sacred prostitutes, over in Thebes (7, v. 21)[13]

In the first instance, the nonsensical operation allows the distance necessary to avoid being trapped in the encrustation of myth's significance as it is reenacted; while, in the second, language is redistributed in an egalitarian manner which, in turn, forces new openings.

Majakovskiiiiiij, Spatola's second collection, was published by Spatola's own Geiger in 1971. In a 1980 interview[14], trying to offer an historical account of his writings, Spatola seems to separate this collection from his next, *Diversi accorgimenti* (*Various Devices*, Geiger, 1975): "[…]I end with *Majakovskiiiiiiij* my Sixties', while with *Tam Tam* I begin my Seventies' work, and the first poems I wrote for *Various Devices* were published, in fact, in the first issue of *Tam Tam.*" [15] A close reading reveals that, with *The Nigger Jew*, the first phase of his poetry starts and finishes, while *Majakovskiiiiiij,* with its precise stylistic devices, begins a second phase that may be considered the richest in his writing. Moreover, in the same interview, Spatola explained that the title of the collection takes off precisely from the idea of the end of an era. In *The Nigger Jew*, the dream of a visionary poetry was still alive. With *Majakovskiiiiii* that dream is definitely over and the title, a cry to one of his

418

poetical fathers, signals the end: "*Majakovskiiiiiiij* is like a cry, is the abandonment of the last para-surrealistic dream, of a poetry able to change the world. [...] The title is a cry for him, a last cry for him."[16]

From a passion for surrealism Spatola moves on to focus on the techniques of writing that will characterize all of his future output. *Majakovskiiiiiiij* opens with a poem, "The Composition of the Text," that reveals in its title the connection to the second phase of Spatola's work, with the poet's attention devoted to the making of poetry in every respect, from the lexical and stylistic choices, to the printing process, and to the final assembly of the book. From the apocalypse of Alamogordo, Spatola moves to the necessity to redefine every single element of a poem. From the most elementary, variable parts of discourse,

an adjective breathing the window open (1, v. 1)

a noun is an excess of coughing the beginning of hysteria (6, v. 3)

a verb is the parasite the narcissus the rage beneath the skin (7, v. 4),

to the various levels of *dispositio*, according to the classical theory of discursive elaboration, into which are divided the stanzas in the poem "Majakovskiiiiiiij": *exordium, narratio, partitio, probatio, repetitio* and *peroratio*.

The years of *Majakovskiiiiiiij* are also those of the poet's most prolific and critical production, reaching its apex with the publication of *Toward a Total Poetry.*[17] The various "intermedia" possibilities implicit in his critical work open the doors in Spatola's linear poetry to the body,

> or see maybe how the text uses the body (1, v. 3)

> as well as to the materials needed for the creation of books,

> the insertion's exact dimension in the rustling of pages (1, v. 2).

In these years, often remembered in Italy as a period of crisis for poetry, Spatola shows no signs of exhaustion, and the strongest message emerging in this collection is that of the necessity to never delude oneself with the idea of having reached the promise land, of having found all the answers. This messages is clearly expressed in the first poem in the volume,

> before long in the text the final part will have begun
> catalog of mannerisms and of rapes song and narcoses (7, vv. 1-2)

and reaffirmed in a pointedly conclusive manner in "The Stalin Poem," the poem that closes the collection:

> a Stalin poem ought to be without adjectives
> without commas or decimals without convenient parentheses
> the exclamation a poison the question mark a tired plot
> but nothing less acceptable than the insult of a period (7, vv. 1-4)[18]

Majakovskiiiiiiij's poems are perfectly in line with the ones in *Various Devices*. The latter volume ends with an afterward by Luciano Anceschi, reminding us, on the one hand, of the difficulties for poetry in those years: "A poetry created to exorcize the desperation of poetry takes shape not in an involution of, but in an attempt towards reconstruction, rediscovery, renewal of structure." On the other hand, starting from those same problematic elements, which are "mired in exhaustion, repetitions, worn-out models, false eruptions, renunciation and a sense of death," Anceschi defines Spatola's capacity to give back vitality to poetic discourse: "rediscover[ing] the basic or simple elements of active speech, and […] breath[ing] life into fragile devices that seemed forever relegated to museums." [19]

It is in *Various Devices* that Spatola's poetry reaches full maturity and, with small variation, its stylistic properties will return in all of Spatola's future poetry. Paratactic construction becomes more and more utilized along with the systematic renouncing of conjugated verbs, recalling the "parasitic verb" of "The Composition of the Text" (in "The Abolition of Reality," for instance, all of the poems making up this section are without conjugated verbs). It is also possible to find an exponential growth of those stylistic devices identified by Pier Luigi Ferro, in particular, the nominal accumulations and the accumulations of words with attributive function, as well as a continuous search for new rhythms through a variable use of repetition.

In *The Composition of the Text*, edited by the Cooperativa Scrittori in 1978, Spatola's re-proposes his first three collections, along with three poems, published in 1961, in the journal *Nuova Corrente*[20] (here collected under the title "Early Works"), and "Personality Test for the Black Widow," published earlier in his own journal *Malebolge*[21]. "Considerations on Black Poetry" and "Black, Dirty & Personal" are the only two poems that were not previously published and are collected in the present volume in an independent section under the title of the former. It will be necessary to wait five years for *La piegatura del foglio* (*Folding Paper*, Guida, 1983), the last collection during Spatola's lifetime which, even though it appears similar to *Majakovskiiiiiij* and *Various Devices*, allows more insight into Spatola's poetry that may also be found in the posthumous *La definizione del prezzo* (*The Definition of the Price*, Tam Tam – Edizioni Martello, 1992).

From *Majakovskiiiiiij* onward, as I have said, Spatola's interest is focused on the functions and the limits of the linguistic object, and the poems tend to turn in on themselves to explore their own problems and find possible remedies. The years between the end of the sixties and the beginning of the seventies, one should not forget, were able to silence even the Novissimi, putting an end to their journal *Quindici*, which had fallen under the spell of the political-ideological mythology of the times calling for the refusal of literature. Spatola, without embarrassment, continued to manifest his trust in poetry, founding new journals, and creating an island under the supreme reign of poetry, because silence was not an option for him ("silence is no better than lying," he wrote in "Stalin Poem"):

> *If the world wants to repeat itself immutably in all of its aspects, from political methodologies to language, it would be wrong to infer that the only possibility of refusal for poetry nowadays is continuous movement, hysterical anxiety, programmatic volatility. As well as it would be absurd to throw ourselves on a poetry committed to silence rather than to the word, in winking at rather than dealing with the essential.* [22]

In these words, from the editorial in the first issue of his journal *Tam Tam*, it is easy to understand that for Adriano it was a "damn serious business," a project that needed the most rigorous method. From the beginning of his second phase, in which there is an emphatic call for the reader's attention to poetical procedures—in *Majakovskiiiiiij* there is the continuous use of imperatives (the repeated "watch" in "The Composition of the Text," the "consider" at the beginning of each stanza in "The Next Sickness," the various do's and don'ts in "The Stalin Poem")—we pass to the enactment of "new rules" and "new methods" in *Various Devices*, with a lucidity and disarming cool that underline the gravity of the project. For those familiar with Spatola's late poetry, it won't be difficult to notice that while *Majakovskiiiiiij* and *Various Devices* present many affinities with the last two collections, there is indeed something in the late Spatola that has been missing before. In all of his mature work there is an evident desire to play with language and poetic forms, but only in the last two books does he fully realize the ludic aspect of the game.

The first time I met Adriano was for an interview at his then residence in San Polo d'Enza, and we actually focused on this very poem which he read for me and which I recorded. I remember that the words he used to introduce it sounded more or less like: "Only an imbecile can write a love poem. I am an idiot that is much more Dadaistic." "A Love Poem" is surely a poem of great tragic-grotesque irony, an ironic paradox, an example of how you can write a love poem without writing a love poem. Besides the phatic two first lines of each stanza, dedicated to writing itself, it's possible to identify in this poem two diegetic levels: that of the hotel room, *topos* of bourgeois literature, the main stage for the encounters of lovers in nearly all of our literature; and that of the quarrel, and the futile motives that typify it. But above all there is the pleasure of playing with the idea of the love poem, a pleasure that allows Spatola to open the first stanza with the terrible "cuore – amore" ("heart-love") rhyme, probably the most exploited rhyme in Italian versification (material nowadays only for Perugina's Chocolate Kisses), there to warn us of how easy it would be, writing a love poem, to drown in the shallows of art. On this same level, we should consider the facile identical rhymes (*rime baciate*) in the first two lines of each stanza and in the last two lines of the stanza that ends the poem.

After the sense of emergency for poetry in the years between 1969 and 1975, Spatola keeps alive his interest in the procedures of writing, combining it, however, with the recovery of irony and the grotesque which characterized his early collection of poetry and which, he seems to inform us, were never abandoned but only set aside, to wait for better times:

> dreams stammers bar talk
> other material we have piled up
> to avoid not being saved ("Meditations, Dawn"
> vv. 6-8)[24]

—BEPPE CAVATORTA

---

1 About this event see A. SPATOLA, *Parole sui muri*. Torino: Geiger, 1968, and E. GAZZOLA, *"Parole sui muri". L'estate delle avanguardie a Fiumalbo*. Reggio Emilia: Diabasis, 2003.

2 A. SPATOLA, *Tam Tam*. In *Adriano Spatola 1941/1988*, *Doc(k)s*, 5, Autumn 1990, p. 5.

3 A. SPATOLA, *Storia già scritta*. In *Impaginazioni*. Mulino di Bazzano: Tam Tam, 1984, pp. 82-83. Previously published in T. KEMENY, C. VIVIANI (eds.), *Il movimento della poesia italiana negli anni settanta*. Bari: Dedalo, 1979.

4 Adriano Spatola defines it as *para-Surrealism*, described by Giorgio Celli (editor, along with Costa and Spatola, of the journal *Malebolge*, where most of the theoretical discussion about this *modus poetandi* took place) as "a kind of mannerism of Surrealism, a cold Surrealism, a Surrealism raised to the power of two, revisited above all in its techniques,

with a deliberated and rhetorical use of automatic writing and psycho-analysis. Utilizing, to sum up, the unconscious as a metaphor, in tune, we figured it out later on, with Lacan and his school. " G. CELLI, *Prefazione*. In P. L. FERRO (ed.), *Adriano Spatola poeta totale*. Genova: Costa & Nolan, 1992, p. 7.

5 For the stylistic parallelisms between Spatola's novel and verses see B. CAVATORTA, *Rinnegato tra i rinnegati: l'iper-romanzo di Adriano Spatola*. In *il Verri*, XLIX, 25, maggio 2004, pp. 21-48.

6 P. L. FERRO, *Adriano Spatola e la poesia come strategia di salvezza*, in P. L. FERRO (ed.). Cit., p. 53.

7 L. VOCE, *Tutti gli abitanti del poeta*. In *Avanguardia*, X, 29, 2005, p. 89.

8 An idea voiced by Spatola at the Gruppo '63 meeting on the novel that works perfectly also for his verses: "It's only through the use of irony and the grotesque (through, I mean, the dissolution of the category of the pathetic) that it is in fact possible, I believe, that which Giuliani has defined as the "edifying aspect" of the novel [...]. A. SPATOLA, Intervento. In N. BALESTRINI (ed.), *Gruppo 63, il romanzo sperimentale*. Milano: Feltrinelli, 1966, pag. 89.

9 In *Malebolge*, 2, 1964, p. 51.

10 There are various references to the Catholic tradition (the angels, the serpent, Adam and Eva— here I'm referring to the lines 8-9 in the seventh stanza: "you who forced the first being to divide in order to renew the species/while in him you sank softly like a stone in the mud") mixed both with Greek mythology (Humenaios, Zeus, Prometheus, etc.) and gods linked to the Assyrian-Babylonian civilization (Shamash, the sun-god and god of justice).

11 In A. SPATOLA, *Diversi accorgimenti*. Torino: Geiger, 1975.

12 According to Apollodorus Mythographus, Zeus enraged with mankind and wanting to destroy them, decided to provoke a flood. Prometheus, knowing what Zeus had in mind, informed his son Deucalion who, with

his wife Pyrrha, built an ark, that saves them. After nine days and nine nights under the deluge the rain stopped. Deucalion and Pyrrha offered a sacrifice to Zeus. The God, pleased by the offering, asked them to express a desire that he would certainly satisfy. Deucalion and Pyrrha asked to have back men and women. Zeus told them to pick up stones and throw them behind their backs: the ones thrown by Deucalion became men, the ones thrown by Pyrrha became women.

13 The inversion of the myth of the Minotaur is utilized in *The Porthole* to talk about one of the multiple comings to life of the main character Guglielmo: "In a night darker than usual, during an alarm longer than usual, the father of Guglielmo choose the wrong hole. His son was generated by the coupling of a man and a cow." A. SPATOLA, *L'oblò*. Milano: Feltrinelli, p. 8. About the grotesque re-visitation of this myth see also C. COSTA, E. VILLA, *Il mignottauro*. Macerata: La nuova foglio, 1970.

14 L. FONTANELLA (ed.), Conversazione con Adriano Spatola. In *Avanguardia*, cit., pp. 26-32.

15 Ibidem, p. 29.

16 Ibidem, p. 28.

17 A. SPATOLA, *Verso la poesia totale*. Napoli: Rumma, 1969. This text has been then re-visited by Spatola and re-published by Paravia in 1978. For the English rendition see the translation of Brendan Hennessey and Guy Bennett (Los Angeles: Seismicity Editions, 2008).

18 Elio Pagliarani in 1963 had already illustrated this position by underlining the fact that for true poets the only option is to continue to travel without the hope of a definite arrival: "poets, artists are those who throw themselves in offshore and cannot be finicky if once one lands for a brief stopover – because one lands only for temporary stopovers, if he is an artist – he is tattered and has only sand and seaweed in his hands." E. PAGLIARANI, Poesia ideologica e poesia oggettiva. In *Nuova corrente*, 31, 1963, p. 40.

19 For the quotations from Anceschi's foreword, I used Paul Vangelisti's English translation published in A. SPATOLA, *Various Devices*. Los Angeles: Red Hill Press, 1978.

20 In *Nuova corrente*, 23, 1961.

21 In *Malebolge*, I, 2, pp. 43-47.

22 A. SPATOLA, La poesia sta diventando. In *Tam Tam*, 1, 1972.

23 G. GUGLIELMI, Introduzione. In A. SPATOLA, *La piegatura del foglio*. Napoli: Guida, p. 6.

24 In A. SPATOLA, *La piegatura del foglio*. Cit., p. 20.

GREEN INTEGER
Pataphysics and Pedantry

Douglas Messerli, *Publisher*

Essays, Manifestos, Statements, Speeches, Maxims,
Epistles, Diaristic Notes, Narrative, Natural Histories,
Poems, Plays, Performances, Ramblings, Revelations
and all such ephemera as may appear necessary
to bring society into a slight tremolo of confusion
and fright at least.

*

Individuals may order Green Integer titles through PayPal
(www.Paypal.com).
Please pay the price listed below plus $2.00 for postage to
Green Integer through the PayPal system.
You can also visit out site at www.greeninteger.com
If you have questions please feel free to e-mail the publisher at
info@greeninteger.com
Bookstores and libraries should order through our distributors:
USA and Canada: Consortium Book Sales and Distribution
1045 Westgate Drive, Suite 90, Saint Paul, Minnesota 55114-1065
United Kingdom and Europe: Turnaround Publisher Services
Unit 3, Olympia Trading Estate, Coburg Road, Wood Green,
London N22 6TZ UK

2005

Amelia Rosselli *War Variations* (GI 121) [Italy]
Ko Un *Ten Thousand Lives* (GI 123) [Korea]
Vizar Zhiti *The Condemned Apple: Selected Poetry*
(GI 134) [Albania]
Krzystof Kamil Baczyński *White Magic and Other Poems*
(GI 138) [Poland]
Dieter M. Gräf *Tousled Beauty* (GI 163) [Germany]

2006

Maurice Gilliams *The Bottle at Sea: The Complete Poems*
(GI 124) [Belgium]
Attila József *A Transparent Lion: Selected Poems*
(GI 149) [Hungary]

2007

Paul Éluard *A Moral Lesson* (GI 144) [France]
Takamuro Kōtarō *The Cheiko Poems* (GI 152) [Japan]
Nishiwaki Janzaborō *A Modern Fable* (GI 157) [Japan]
Osip Mandelstham *Tristia* (GI 159) [Russia]
Dieter M. Gräf *Tussi Research* (GI 162) [Germany]

2008

Gonzalo Rojas *Out of the Lightning: Selected Poems*
(GI 159) [Chile]
Adriano Spatola T*he Position of Things: Collected Poems*
1961-1992 (GI 165) [Italy]
Nelly Sachs *Collected Poems I* (GI 166) [Germany]
Ko Un *Songs for Tomorrow: Selected Poems*
(GI 170) [Korea]

THE AMERICA AWARDS
for a lifetime contribution to international writing
Awarded by the Contemporary Arts Educational Project, Inc.
in loving memory of Anna Fahrni

The 2008 Award winner is:

JOHN ASHBERY [USA] 1927

PREVIOUS WINNERS:
1994 Aimé Cesaire [Martinique] 1913
1995 Harold Pinter [England] 1930
1996 José Donoso [Chile] 1924-1996 *(awarded prior to his death)*
1997 Friederike Mayröcker [Austria] 1924
1998 Rafael Alberti [Spain] 1902-1999
1999 Jacques Roubaud [France] 1932
2000 Eudora Welty [USA] 1909-2001
2001 Inger Christensen [Denmark] 1935
2002 Peter Handke [Austria] 1942
2003 Adonis (Ali Ahmad Said) [Syria/Lebanon] 1930
2004 José Saramago [Portugal] 1922
2005 Andrea Zanzotto [Italy] 1921
2006 Julien Gracq (Louis Poirier) [France] 1910-2007
2007 Paavo Haavikko [Finland] 1931

The rotating panel for The America Awards currently consists of Douglas Messerli
[*chairman*], Will Alexander, Luigi Ballerini, Charles Bernstein, Peter Constantine,
Peter Glassgold, Deborah Meadows, Martin Nakell, John O'Brien, Marjorie Perloff,
Dennis Phillips, Joe Ross, Jerome Rothenberg, Paul Vangelisti, and Mac Wellman